0~5歳児の

ちょこっとあそび じっくりあそび 196

育ちがわかる！
発達Point!付き

監修・編著／片山喜章
著／徳畑等・藤本裕美

ひかりのくに

はじめに

「本書」遊びのからくり

保育者主導はよくない？

園生活の遊びは3つの枠に大別されると思います。コーナーやエリアなどで繰り広げられる**「環境を通した自由な遊び」**、そして、子ども集団がひとつのテーマに沿いながら活動が発展していく、例えば、お店屋さんごっこなどの**「協同性のある遊び」**、さらに3つ目は、〝製作活動〟や本書で紹介するようなルールのあるゲームなどの**「一斉活動としての遊び」**です。

保育は、これら3つがバランスよく整ってこそ真価を発揮すると考えます。手遊びを例にとっても、子どもたちは保育者の動きをよく見て、模倣して、手指を動かす、この行為は、脳の育ちや一定の発達段階においては、意義のあることです。保育者主導＝よくないというとらえ方ではなくて、子どもたちに投げかける活動の内容やルールや展開のしかたに〝愉《ゆ》悦《えつ》性〟や〝子ども理解〟の要素がしっかり含まれているか否か、そこが問われているのです。

子どもたちに必要なかかわる力を3つの面から

子どもたちに必要なのはかかわる力である、というのは、だれもが認めるところです。「保育者とのかかわりを愉《たの》しむ」「手具や遊具とのかかわりを愉しむ」「遊具やルールを媒体に子ども同士がふれあったり、ぶつかり合うかかわりを愉しむ」。本書ではこの3つの「愉しみ」をバランスよく構成しています。

便宜上、「ちょこっとあそび」と「じっくりあそび」に分け、月別に記載したり、該当年齢を記していますが、おおよその目安としてとらえてください。

発達には個人差があり、しかも集団になると、互いに影響し合って理解が深まり、愉しさが広がります。そこに集団ゲームのだいご味があります。

片山喜章

かかわる力を育てる 3つの「愉しみ」

1、保育者とのかかわりを愉しむ

2、手具や遊具とのかかわりを愉しむ

3、遊具やルールを媒体に子ども同士がふれあったり、ぶつかり合うかかわりを愉しむ

※本書は、月刊『保育とカリキュラム』2009年4月号～2010年3月号までの連載「遊びっくり箱」をベースに編集し、単行本化したものです。

本書のおすすめPOINT

196の遊び

だから使いやすい！

POINT 1 12か月分！

4月からたっぷり12か月分！

月々のテーマを設定。その時期に見られる子どもの姿や行事内容などから導き出しています。
4コママンガでラクラク理解☆
4月…カラダとココロが落ち着く遊び　7月…プール遊び　8月…夏期保育向け異年齢児遊び
9月…運動会を意識した遊び　などなど！

POINT 2 0～5歳児まで！

4・5歳　2・3歳　1歳　0歳「よちよちタイプ」「ごろごろタイプ」

各年齢の成長・発達にピッタリの遊びです。おおよその目安としてご参照ください。
※夏期休暇などで異年齢児保育が多くなる8月は、2～5歳児の「異年齢児」で楽しめる遊びを紹介しています。

POINT 3 ちょこっとも！じっくりも！

★ちょこっとあそび

お集まりなど、ちょっとした時間のスキマに！
準備はほとんどなく、カンタンですぐにできるものばかりです。

★じっくりあそび

じっくり取り組める遊びです。友達同士のつながりも深まり、基礎運動能力の向上にも配慮した、ゲーム性のあるものなどを紹介します。
※ 0歳児はひとつの遊びに取り組める時間が比較的短いため、場面別ではなく発達のタイプ別に紹介しています。

「遊び」と「育ち」のからくりがよくわかる！

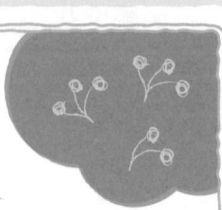

遊びのからくりコラム付き！

執筆／片山喜章

運動会が魔法のようにうまくいく“おけいこのしかた”とは？
「白の勝ち！」は要注意？　やりがちな子どもへのことばがけとは？
幼児期版にアレンジした、新・イス取りゲームとは？

本書の遊びを例に挙げながら、“遊び”を徹底分析！
毎日の保育のヒントもちりばめられた、なるほど！　がいっぱい詰まった内容です。

本書の見方

その月・その年齢に合った遊びを厳選!

ちょこっとあそび orじっくりあそび

目安の対象年齢

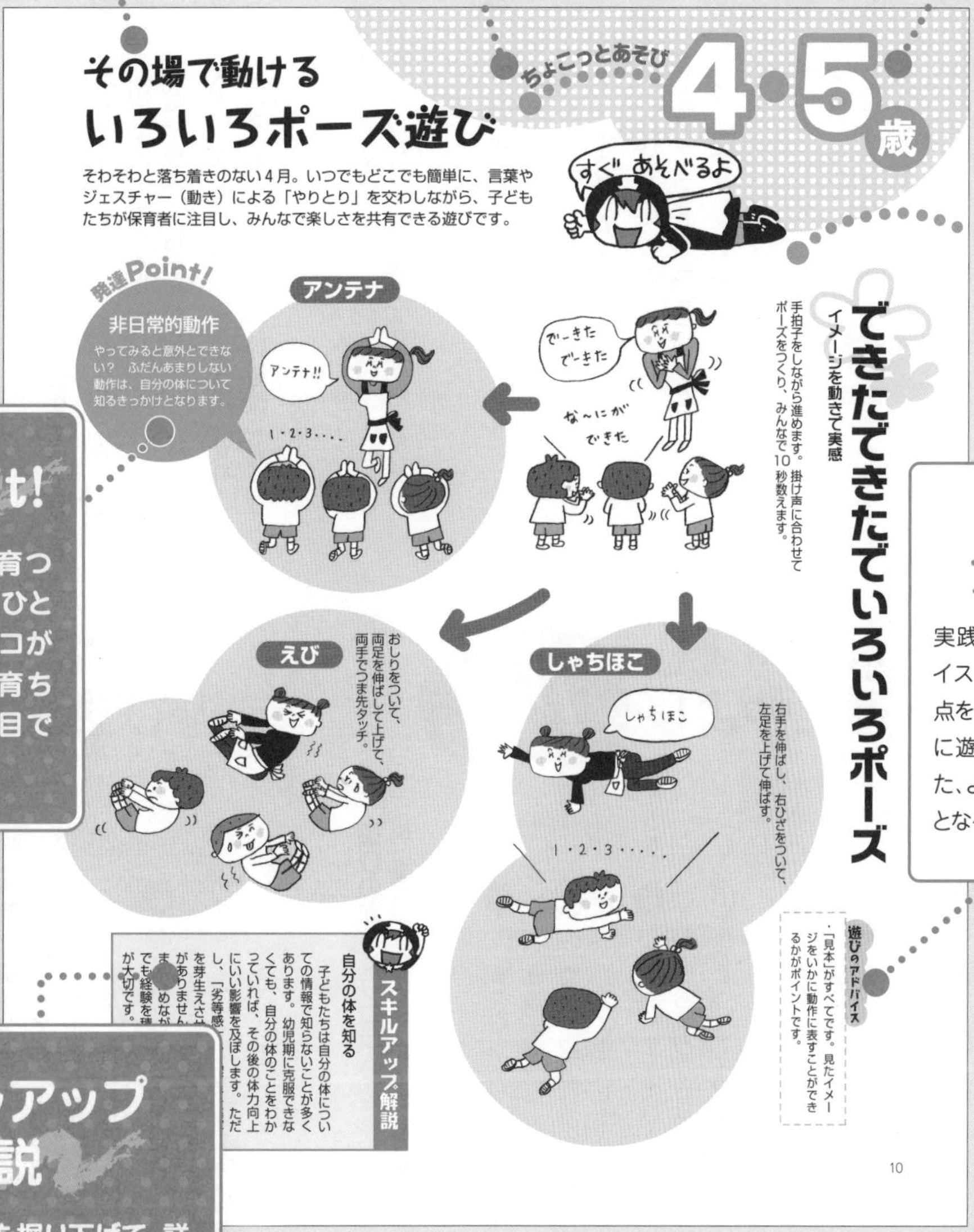

その場で動ける
いろいろポーズ遊び
ちょこっとあそび
4・5歳
すぐあそべるよ
そわそわと落ち着きのない4月。いつでもどこでも簡単に、言葉やジェスチャー（動き）による「やりとり」を交わしながら、子どもたちが保育者に注目し、みんなで楽しさを共有できる遊びです。
発達Point!
非日常的動作
やってみると意外とできない？　ふだんあまりしない動作は、自分の体について知るきっかけとなります。
アンテナ
アンテナ!!
1・2・3・・・・
できたできたでいろいろポーズ
イメージを動きで実感
手拍子をしながら進めます。掛け声に合わせてポーズをつくり、みんなで10秒数えます。
でーきた　でーきた
な～にが　できた
えび
おしりをついて、両足を伸ばして上げて、両手でつま先タッチ。
しゃちほこ
しゃちほこ
右手を伸ばし、右ひざをついて、左足を上げて伸ばす。
1・2・3・・・・
スキルアップ解説
自分の体を知る
子どもたちは自分の体についての情報で知らないことが多くあります。幼児期に克服できなくても、自分の体のことをわかっていれば、その後の体力向上にいい影響を及ぼします。ただ
遊びのアドバイス
・「見本」がすべてです。見たイメージをいかに動作に表すことができるかがポイントです。
10

発達Point!

“この遊びで何が育つの?”そんな疑問にひとくち回答。遊びのドコが効いているのか、育ちのポイントがひと目で理解できます。

遊びのアドバイス

実践のための、具体的アドバイス。その年齢に応じた留意点を紹介しています。スムーズに遊びを展開するために、また、より遊びが育ちの栄養素となるためにご参考ください。

スキルアップ解説

「発達Point!」を掘り下げて、詳しく解説。子どもの成長・発達を見極めるための着眼点にもなり、保育力アップ、まちがいなし!

もくじ

ち…ちょこっとあそび　じ…じっくりあそび　よ…よちよちタイプ　ご…ごろごろタイプ

かかわる力をはぐくむ 異年齢児ふれあい遊び 8月 P.65～

※夏期休暇などで異年齢児保育が多くなる8月は、2～5歳児の「異年齢児」で楽しめる遊びを紹介します。

ひとりひとりの力を 引き出す遊び 9月 P.79～

カラダで 表現する遊び 10月 P.93～

遊びが膨らむ 集団遊び 11月 P.107～

※本書で使われる「パフリング」は、ひかりのくにで取扱っています。貴園におうかがいするひかりのくに営業マン、またはひかりのくに本社までお問い合わせください。

4月のテーマ

カラダとココロが落ち着く遊び

じっくりあそび
・用具使用
・基礎運動能力の向上にも配慮したゲーム性のあるものなど!

ちょこっとあそび
・準備ゼロ!
・時間が空いたとき、お集まりなどに最適

子どもの姿

ちょこっとあそび 4・5歳

その場で動ける いろいろポーズ遊び

そわそわと落ち着きのない４月。いつでもどこでも簡単に、言葉やジェスチャー（動き）による「やりとり」を交わしながら、子どもたちが保育者に注目し、みんなで楽しさを共有できる遊びです。

できたできたでいろいろポーズ

イメージを動きで実感

手拍子をしながら進めます。掛け声に合わせてポーズをつくり、みんなで10秒数えます。

アンテナ

発達Point!

非日常的動作

やってみると意外とできない？　ふだんあまりしない動作は、自分の体について知るきっかけとなります。

えび

おしりをついて、両足を伸ばして上げて、両手でつま先タッチ。

しゃちほこ

右手を伸ばし、右ひざをついて、左足を上げて伸ばす。

遊びのアドバイス

・「見本」がすべてです。見たイメージをいかに動作に表すことができるかがポイントです。

スキルアップ解説

自分の体を知る

子どもたちは自分の体についての情報で知らないことが多くあります。幼児期に克服できなくても、自分の体のことをわかっていれば、その後の体力向上にいい影響を及ぼします。ただし、「劣等感」や「苦手意識」を芽生えさせてしまっては意味がありません。今の状態をそのまま認めながら、毎日1回ずつでも経験を積み重ねていくことが大切です。

はんたいポーズ！あれれ？

む、むずかしい…。でも一度身につくと忘れない！

1 保育者「はんたいポーズ！」
子ども「はんたいポーズ！」
保育者「あれれ？」
子ども「あれれ？」のセリフに合わせて、ポーズをします。

2 「あれれ？」の次に「ロケット」や「ひこうき」のポーズをします。「はんたいポーズ！」から繰り返し、だんだん速くしていきます。

ロケット

ひこうき

遊びのアドバイス

・ポーズは、初めは「左右同じ」にしてもいいでしょう。

発達Point！ 未分化を分化へ

幼児期特性の「未分化」な体を「分化」へと導くことで、幼児期に重要とされる「神経系の発達」を促します。

スキルアップ解説

神経系の発達を促す

神経系の発達は、幼児期に急速に発達し（大人の約80%）、その後、12歳ごろに100%となり、平行線をたどるといわれています（スキャモンの発育発達曲線）。未分化を分化に変えていくことは、幼児期の子どもたちにとってもっとも大切といっても過言ではない、貴重な経験です。

座りっこ競争

模倣の楽しさから競うことの楽しさへ

1 まずは、3つの座り方を動きで覚えます。

2 「よーい……○○座り！」の掛け声で、保育者対子どもで座りっこ競争をします。

保育者はわざと少し遅れて座る。

3 保育者「みんなのほうが早かったね」「じゃあもう1回するよ」で、座り方を1回ずつ変えて、このパターンを繰り返します。

遊びのアドバイス

・ひとつひとつの動き（投げかけ）に対して、子どもの声を聞き入れ（受け止め）ながら、進めましょう。
・掛け合いの「間合い」や「タイミング」、「表情のつくり方」などは、保育者の腕の見せ所です。

発達Point！ 習熟度

経験度合いによって、「楽しみ方」も変わってきます。子どもたちのようすに合わせてゲームの要素を変えていく必要があります。

スキルアップ解説

競う楽しさを味わう

競うことがポイントであり、勝敗を決めることが目的ではありません。この時期は、ひとりひとりの主張を「そのまま受け止める」ことが大切です。だから「太郎くんも早かった！」「花子ちゃんも早かったね」でいいのです。

ふれあう楽しさがわかる
交替ムーブメント

クラスを半分に分けて、ふれあいの要素が含まれる動きを、交互に繰り返す遊びです。ふれあう体験を通して、新しい環境の中に、「友達」という存在がいることに気づいていきます。

とんだり くぐったり のっかったり

気持ちも、弾んだり、とまどったり

準備
マット　クラスを半分に分ける。

ひとつのグループは「長座」で、ランダムに座ります。もうひとグループは、保育者の「スタート」の合図で、マットから出発。いろいろな友達の足の上をジャンプし、合図でマットに戻ります。

発達Point!
動きで理解
子どもたちにとっては、動いて理解することがもっとも説得力があるのです。

交替して同じ動作を繰り返す。

遊びのアドバイス
- 説明は「言葉」と「動き」をセットにして行ないましょう。
- 帽子で色分けをしておくと、ひとりひとりのようすを把握しやすくなります。

バリエーション

トンネルくぐり

足を広げて「トンネル」をつくり、もうひとグループはくぐります。

交替して繰り返す。

おウマさん

「四つんばい」になり、もうひとグループは背中に座ります。

交替して繰り返す。

スキルアップ解説

一瞬のふれあいから仲間意識へ

跳んだり跳ばれたり、くぐったりくぐられたり、乗ったり乗られたり、という一瞬のふれあいの中で、子どもたちの心の中は微妙に動いていきます。このような「心の揺れ動き」を経験することで、いろいろな友達の存在に気づき、仲間意識の芽生えへとつながっていくのです。

こっちからあっちへ通り抜けろ！

ドキドキ感・スリル感が集中力の要素に

準備

マット　クラスを半分に分ける。

半分の子はマットに座ります。もう半分の子はマット間にランダムに「木のポーズ」で立ちます（動けない）。「よーいスタート」の合図で、マットまで木に当たらないようにくぐり抜けて反対のマットまで引っ越します。

遊びのアドバイス

・スペースを広くすると、走る範囲が広くなり、スピードも出がちです。「狭いスペース」で行なったほうが、安全を確保できるでしょう。

スタート！
1・2・3・・・
やった－!!
お、せまい・・・

カウントを数えてもOK（10～20秒）。全員がマットにたどり着いたら、反対側から同じように戻る。交替して、もう１回繰り返す。

発達Point!

自己抑制

くぐり抜けようとする子に目が行きがちですが、ここでは「動かずに止まっている木や鬼」になっている子どもたちが、「動きたい」という気持ちを、いかに抑えることができているかがポイントとなります。

発展

次は、マット間の子どもたちは、「後ろ向き」で立ち、鬼になります（その場から動けないが、手は動いてよい）。引っ越しする子どもたちは、鬼にタッチされずにくぐり抜けます。10～15秒以内でタッチされずにくぐり抜けられたらマットに戻って再スタート。

スタート!!!
タッチ
やった－!!
あっ
すっ
そ～っと

全員がマットにたどり着いたら、同様に反対側から引っ越し（鬼も反対向き）。交替して繰り返す。

スキルアップ解説

緊張感がやる気につながる

4・5歳児の子どもたちにとっては、遊びの要素の中に「少しの緊張感」があるほうが、夢中になれます。これは、与えられてばかりの課題ではなく「自分自身の課題」としての意識が根づくことで、「やる気（集中力）」がわいてくるからです。

座ったままできる まねっこ遊び

この年代の子どもたちは特に「模倣」（まねっこ）が大好きです。座ったままでもできる、比較的大きな動作を取り入れた遊びで、落ち着かない子どものエネルギーを発散させましょう。

ロケットどっかーん

ジャンプは子どもたちの大好きな遊び

保育者の前にみんな集まります。その場でしゃがんで、両手を頭の上でくっつけて、「3、2、1、0、どっか〜ん!」で大きくジャンプします。

何回か繰り返す。

遊びのアドバイス

・しゃがんで「3、2、1、0」と数えるところは、ゆっくり数え、「どっか〜ん」は大きい動作で行ないましょう。

スキルアップ解説

「みんなで」「ひとりで」する遊び

みんなでいっしょに遊ぶ楽しさも大切ですが、それだけで終わらせず、例えば、保育室に思わず子どもがジャンプしたくなるようなしかけ（風船などを天井からつるす　など）を作っておくと、「みんなでする遊び」と「自分でする遊び」とが、相互につながります。

発達Point!

跳ぶ

跳ぶ動作は、粗大運動の中でも重要な動作です。遊びの中で十分に経験しておくことが大切です。

バタバタストップ

座ったままでもいろいろな動きができるよ

1 子どもたちは保育者の前に座ります。保育者は座ったまま足をバタバタ〜とし、子どもたちもまねをします。保育者の「たまご!」の合図で、両ひざを抱えてたまごに変身。何度か繰り返します。

2 「たまご」から「どっか〜ん!」で両足を上げてぶらぶらさせます。何回か繰り返します。

遊びのアドバイス

・「静」と「動」のめりはりを意識しながら、ひとつのパターンを繰り返していくことで、だんだんと楽しさがわかってきます。

発達Point!

模倣

模倣を楽しむことで、子どもたちの、イメージを表現する力を養います。

スキルアップ解説

エネルギーを発散させる

子どもたちがよく知っている手遊びもいいですが、じっとしているのが苦手なのがこの年齢の子どもたちの特徴です。落ち着かないようすのときは、逆にダイナミックな動きを取り入れると、エネルギーが発散され、情緒の安定につながります。

しっかり体を 動かせる遊び

慣れない園生活。不安や緊張で、なかなか落ち着かない子どもたち。でも、子どもたちの情緒を落ち着かせるためには、「じっとする」ことではなく、「しっかりと動く」ことが大切なのです。

いっぱいあそぼう

泣く子も笑う？サーキット

遊具が語りかけている

準備
マット、折り畳み式園児用机、とび箱の1段目 など

保育室に、マットなどで山や坂を作り、O型のコースを設定します。

発達Point!

情緒の安定

もともと、じっとしているのが苦手な子どもたち。不安や緊張は「体を動かす」ことでほぐれていき、情緒を安定させていきます。

お山登り
おイモごろごろ
はいはいコース
坂登り

遊びのアドバイス

・まずは子どもの興味を引きそうなもの（山登りなど）から設定していき、徐々にユニットを増やしていきましょう。

スキルアップ解説

思わずしてみたくなる環境をつくる

新しく入園してきた子どもたちは、対人関係の経験が少ない場合があります。保育者の投げかけにもなかなか反応できない子も見られます。でも、「マットを掛けたお山」など、見ただけで思わず登ってみたくなる遊具（ユニット）は、「無言の語りかけ」を発しており、子どもたちを笑顔に変えてくれます。

いろいろ引っ越し遊び

みんなで動けば楽しさいっぱい!

準備 マット　向かい合わせに置く。

マットの片方にみんなで座ります。「よーい、引っ越し〜!!」の合図で、反対側のマットまで〝おしりスリスリ〟で引っ越し、帰りは立って戻ります。

遊びのアドバイス

・マット間は5mくらいがいいでしょう。「あそこまで行く!」という、明確な目標があるから、子どもたちは「その気」になれるのです。

おウマさんで

ワニさんで

発達Point!

腕を使って

腕の力を使う経験はなかなかないので、意図的に使う機会をつくりましょう。

スキルアップ解説

仲間からの刺激

「ひとりひとりを大切に」という保育の基本姿勢は大切ですが、「みんないっしょに」という部分も、子どもに大きな影響をもたらします。たくさんの仲間（いろいろな子）がいることで、いろいろな刺激を受けたり、励まされたりと、心の支えになっていることがたくさんあるのです。

イスに座ってほっとひと息

イスに座ればみんなの顔も見えるし落ち着くね

準備 イス（人数分）円形で内向きに置く。

ピアノの曲（並足）に合わせて、円の中をお散歩し、ストップの合図でイスに座ります。音楽が鳴り出したら、再び円の中をお散歩し、繰り返します。

何度か繰り返す。

発達Point!

こだわり

自分のものに対する「こだわり」が強い子もいます。イスに敷いている個人の座布団などは事前に取っておきましょう。

遊びのアドバイス

・イスの数を減らす必要はまったくありません。「アウトはなし」が絶対条件です。

スキルアップ解説

「必ず座れる」から楽しい

イスの数を減らさなくても、子どもたちは座る場所を必死になって探そうとします。「必ず座れる」ということがわかるまでには、同じパターンを繰り返すことが大切です。「必ず座れる」という安心感が、この遊びの楽しさの要素（秘訣）です。

ちょこっとあそび

いつでも どこでも 1歳

4月、新しい部屋や新しい友達の泣き声など、少し落ち着きにくい環境です。「4月はそれがあたりまえ」と思っていても、何とかできないものか…と悩む日々。そんなとき、少しでも子どもたちが興味を持ってじーっと見てしまうような遊びがあればうれしいですね。

すぐ あそべるよ

とことこ とことこ

体はいつでもお山です

保育者が2本指を「とことこ」させて、子どもの体を登っていきます。頭の上まで登ったら、「あれ〜ぇ!!」と言いながら滑り落ちて「こちょこちょ!」

とことこ…

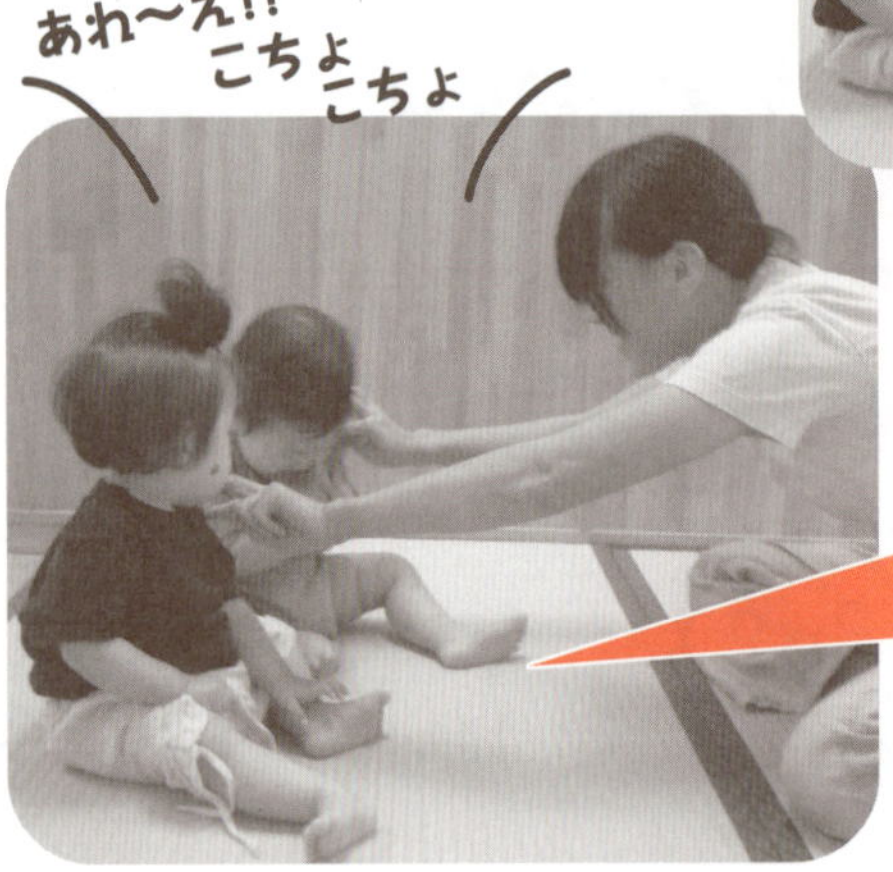

あれ〜え!!
こちょこちょ

発達Point!

興味づけ

「何だろう？」と不思議に思うと、子どもの目はくぎづけになります。まだひとつのことしか集中できないので、泣くのを忘れてしまいます。

遊びのアドバイス

・「さぁ、遊ぶよ」と構えなくても、「とことこ…」と登りだすと、子どもは興味を持って近づいてきますよ。

スキルアップ解説

繰り返し行なう

それぞれの子どもたちがどんなことに反応するのかじっくり観察しましょう。新しいものより、なじみ深いもののほうが子どもたちの反応がいいはずです。でも、繰り返し行なううちに、なじんでくる場合もあります。子どもたちに遊びがなじみだす時間の流れを、保育者は楽しんでください。

むしゃむしゃ ごっくん

おいしい顔ってどんな顔?

食べ物が載っている絵本・写真を広げながら、食べ物を手で取るまねをして、ぱくっと食べます。そして子どもたちにもあげましょう。

準備
食べ物が載っている絵本・写真

リンゴだよ
ぱくっ

発達Point!

興味づけ＆物の認識

「リンゴだよ」と言いながら食べて、「甘くておいしいね」と言うことで、これはリンゴで甘いのだということが、すぐには無理でも、繰り返すうちに、認識できてきます。

遊びのアドバイス

・子どもたちがわかりやすい絵が理想的。
・その食べ物に合った表情や行動をしましょう。例えばレモンならすっぱい顔、ブドウやスイカなら種をプッと出すなどです。理解できてきたら、「皮をむく」や「切る」などを付け足すと、食べ物のイメージがどんどん広がります。

あまい
すっぱい
まずい

スキルアップ解説

同じであることの安心感

保育者のリアクションを子どもたちはよく見ています。おいしい表情はうれしそうに、すっぱい表情やまずい表情はオーバーにするといっしょにまねしたりもします。その表情がおもしろいと思ったら、何度も同じページを開けて、そのリアクションを要求してきます。同じであるということの安心感(次も期待どおり同じであること)がこの年齢の子どもたちには大切ですので、何度もつきあってあげましょう。

思うがままに動こう！

じっくりあそび **1歳**

子どもたちが、思わず触れてみよう（かかわろう）とするような環境をつくり、体を動かす機会（遊び）を、園生活の中に溶け込ませることが、乳児保育の大きなテーマでもあります。

山こえ!?　坂こえ!?

はって、登って…体をしっかり動かそう

準備
マット、ブロック、折り畳み式園児用机　など

ブロックなどにマットを掛けて山を作ります。また机を斜めにしたり、ブロックなどにスノコを斜めに掛けたりして坂を作ります。

遊びのアドバイス

- 大切なのは保育者の手と声による「サポート」です。直接体に触れながら、「じょうずだね」「楽しいね」ということばがけで、子どもたちは安心して遊びに夢中になれるはずです。
- 周りに敷いてあるマットなどの見た目や感触によって、子どもたちは「安心感」を抱きます。

発達Point!
粗大運動
手・足・胴を使った「動き（粗大運動）」は、乳児期から幼児期の発達において、必要不可欠な運動です。

スキルアップ解説
はう・よじ登る動作
歩行ができる子どもでも、手足を使っての「はう動作」や「よじ登る動作」は、重要な意味を持っています。歩行ができれば、もう「はいはい」はしない、というのではなく、子どもたちの興味（意欲）に合わせて〝繰り返し〟してもいいのです。子どもの発達は〝らせん状〟に成長していくものなのです。

登って登ってあららららら～

すべるのが楽しいからまた登りたくなる

準備
折り畳み式園児用机、板（表面が滑りやすいもの）など

子どもがはって登れるくらいの角度で、机を斜めに置きます。ある程度の所まで来たら、保育者が両手を持って「すごいね～、がんばったね～」と声をかけ、そのあと、ゆっくりと手を離して、そのまま（腹ばいの状態）滑らせます。

遊びのアドバイス

- 「登るとき」と、「滑り落ちていくとき」の、保育者のことばがけと表情（リアクション）に変化（めりはり）をつけることで、楽しみ度合いも変わってきます。

発達Point!
遊びの本質
遊びそのものが楽しいと、子どもは何度も繰り返したくなるのです。

スキルアップ解説
保育者も「環境」のひとつ
保育者の語りかけや表情も、遊びの中の「環境」のひとつです。子どもたちの反応をよく見ながら、目の前にいる子どもたちが求めていることにこたえられる「投げかけ方」を、子どもたちから学び取ることのできる保育者でありたいですね。

よちよち 歩く

つかまり立ちができると、いろいろと行動範囲が広がってきます。つかまれるものがあると、ひょいと立ち上がり、横へ横へと移動します。歩くこと、移動できることが楽しくてしかたないようす。つかまりやすい環境を提供してあげることが大切です。

よいしょ よいしょ

しっかりつかまりながら横移動

部屋のしきりとしてさくを用いておくと、伝い歩きにちょうどいい遊び道具になります。

遊びのアドバイス

- 立ち上がったものの自分で座れず泣き出すことも…。ころあいを見計らって、言葉をかけながら座らせてあげるのも大切です。
- 床にはじゅうたんやマットなどを敷いておきます。

発達Point!

粗大運動

つかまり立ちはひざの屈伸運動になり、また腹筋・背筋がついてきます。立つことで高さの認知もできます。また、ひじと肩の力が抜けるようになるので、じょうずに手首を動かせるようになってきます。

スキルアップ解説

意欲を引き出す

子どもが歩く先に、興味を持ちそうなものを置いておくと、歩く意欲が増します。歩きだすと今まで得意だった"ハイハイ"をあまりしなくなりますが、「立てる」ということへの達成感が、そういう行動をかきたてるのかもしれませんね。

ハイハイ 登れ

しっかり手をついて、登っちゃおう!

机やマットを使って坂道をつくり、"ハイハイ"で登ります。

準備
マット、折り畳み式園児用机

遊びのアドバイス

- 坂の上や側面からの転倒に注意しましょう。片方の側面に壁を使うと、転倒することを少しでも回避できます。
- ある程度登ったら、方向転換をしたり、てっぺんから降りようとしたりします。もし転倒しても最小限のけがに抑えられるように、周りにはマットやじゅうたん、布団など敷き詰めるといいでしょう。

発達Point!

粗大運動

"ハイハイ"は腹筋・背筋・平衡感覚が身につく大切な動き。たくさん行なう機会をつくってあげましょう。"ハイハイ"は歩行を安定させます。

スキルアップ解説

やってみたい「環境」を

保育者が誘わなくても、坂には「あっ! のぼりたい!」と思わせる効果があります。初めはうまく登れず、悪戦苦闘する場合もありますが、マットを坂の上に掛けてあげるなど、滑り落ちないような配慮をしてあげてください。

なに？ なに？ これ!!

1日のほとんどを寝転がって過ごしている乳児たち。まだ自分では動けないという状況の中で、新しい環境や保育者に少しでも早く慣れてもらえるように、どういうもの（玩具）に興味を示すのか、好きなものは何なのかをよく観察してあげましょう。

にぎ・にぎ・ぱく・ぱく

手や口を使って、感触を確かめる

子どもの手で握れるサイズの玩具を持たせると、握ったり口に入れたりして遊び始めます。

準備 握りやすい玩具

遊びのアドバイス

・動けないうちは、寝転んだ状態で視界に入ってくるものが頼りです。保育者は子どもの視界に入りながら、玩具の音を鳴らしてみたり、揺らしてみたりしながら、興味づけてあげましょう。

玩具は、大きさや素材など、
危険がないかをしっかりとチェックしましょう。

発達Point!

微細運動

微細運動を反復することで、目と手、手と口の協応ができるようになってきます。できるだけしっかりと握れるものにしましょう。

スキルアップ解説

自分をコントロールする

自分の手や足をしゃぶったり、物をつかんでなめたりするようになってきます。自分の体をうまく“操る”ための「初めの一歩」といってもいいでしょう。目で見たものに手を伸ばし、それをつかみ、口に持っていく…そういう一連の動きの中で、ひとつひとつしっかりと自分をコントロールすることで、自分自身のことを認識していきます。

いい眺めだね

追視の広がりを楽しむ

寝返りが打てるようになったら、時にはうつぶせで遊びましょう。胸から腹の下にかけてクッションを置いてあげるとうつぶせの状態が安定し、目の前に玩具などを置くと、取ろうとして手を伸ばして遊びます。

準備 クッション、玩具

遊びのアドバイス

・子どもの体の大きさに合わせて、クッションの大きさを選びましょう。多少ずれても危なくない、円柱型が理想です。

発達Point!

粗大運動

うつぶせになることで、頭を持ち上げたり、腕を突っ張って体を支えようとします。それを繰り返すことで、次の段階である“ハイハイ”につながっていくのです。

スキルアップ解説

全身を使って遊ぶ

視界が水平だけからみんなと同じように上から下へと見渡せます。それにより、子どもの遊ぶ意欲も変わります。楽しく感じる子は、足をぴょこぴょこと動かし、全身を使って遊ぼうとします。床に足がつくとけることを覚え、脚力の発達につながります。また、腹ばいのポーズは腹筋・背筋の発達を促します。成長のうえでは必要ですが、抱っこに慣れている子は腹ばいをいやがる傾向があるので、その子のペースで誘ってあげてください。

ちょこっとコラムで
じっくり理解！

遊びの
からくり
コラム 1

制約（短い距離を往復移動で繰り返す）がもたらす愉しさ

集団ゲームは、広々とした園庭で行なうと子どもたちはのびのびと動けて望ましいと思われがちです。しかし実際、広い場所に出ると、たいていの場合、全体の集中状態が希薄になって保育者の意図することが伝わりにくく散漫になってしまいます。そこで、例えば〔P.13〕〔P.17〕にあるように**限られたスペースを「行ったり来たり」する直線移動を繰り返すと子どもたちは集中して活動に打ち込めます。**このような方法なら、子どもたちと保育者の距離も常に一定に保たれて“言葉のやり取り“も良好に行なうことができます。また、前方にマットの“おうち”などの“目標物”を置くことによって、子どもたちは意欲を高め、力発揮しようとします。「ワニさん」「おウマさん」などの身体表現をピアノに合わせて室内でじっくりするのもよいですが、ここに記したように、2か所のおうちを行ったり来たりする往復運動を繰り返すならば、ピアノがなくても意欲的に取り組むことができます。子どもの年齢が低くなるほどに、移動する距離を短くして繰り返すことがポイントです。例えば、合計で60メートルを走る場合、5歳児で10メートルの距離を3往復することで愉しめたなら、3歳児では5メートルの距離を6往復するような展開にすると、合計の距離を減らさなくても愉しめます。

5月のテーマ

もっと園が好きになる遊び

じっくりあそび
・用具使用
・基礎運動能力の向上にも配慮したゲーム性のあるものなど!

ちょこっとあそび
・準備ゼロ!
・時間が空いたとき、お集まりなどに最適

子どもの姿

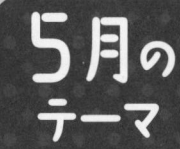

ちょこっとあそび 4・5歳

手遊びにアレンジを加えた動きづくり

子どもたちがよく知っている手遊びに、“アレンジ”を加えて、さまざまな動きにチャレンジしてみましょう。保育者といっしょに楽しむことで、子どもたちはさらに保育者に対して親しみを持つでしょう。

あたまかたひざピョン!

みんなでやると一体感が生まれる

『あたまかたひざポン』※の手遊びのアレンジです。少しずつテンポを速くして何度も繰り返しましょう。

1 「あたまかたひざピョン!」でカエルになってジャンプ。

両手を広げ、少し足を開いてひざを曲げて跳ぶ。

2 「ひざ　ピョン!」×2回

1′ 「あたまかたひざピョン!」

2′ 「ひざ　ピョン!」×2回

3 目をつぶって片足立ちになり、手で「め・みみ・はな・くち」と触れる。ゆっくりとしたテンポで。

遊びのアドバイス

・みんなでいっしょに行なうからこそ「一体感」が生まれ、参加意欲が増します。

バリエーション

1 長座の状態で「あたまかたひざトン!」でつま先タッチ。

2 「ひざ　トン!」×2回

1′ 「あたまかたひざトン!」

2′ 「ひざ　トン!」×2回

3 しっかりひざを伸ばして「め・みみ・はな・くち」と、それぞれをひざに近づける。

発達Point!

自分の体情報

「目を閉じて片足でどれくらい立てるか?」など、まず自分の体について“気づく”ことが、動きづくりの第一歩です。

スキルアップ解説

個々を観察する

保育者は、みんなでいっしょに声や動きを合わせて楽しく進めながら、ひとりひとりの状態を観察することが大切です。そして個々の発達状況を記録しておき、1か月後、3か月後などに同じことをやってみるとよいでしょう。

※『あたまかたひざポン』作詞／不詳、イギリス民謡

いったりきたり『ひげじいさん』!?

めりはりのある動作で集中力アップ！

1 ♪『とんとんとんとんひげじいさん』※をしながら前に進んで「ビヨーン」とひげを伸ばすポーズ。

2 「とんとん…こぶじいさん」で後ろに下がって「ベチャ」と顔を両手で挟む。

3 「とんとん…てんぐさん」で、また前に進んで鼻を「ビヨーン」

4 「とんとん…めがねさん」で、また後ろに下がって目を「ベチャ」

5 「とんとん…あかおにさん」で、また前に進んでつのを「ビヨーン」

6 「きらきら…」で、くるくる回る。

7 「手は……○○！」
※○○の部分はアドリブでおなか、おしり、頭、気をつけ、など何でもOK。

発達Point!

○○しながら○○する

「ひげじいさんをしながら前に進む」というように、「ふたつの動作を一度に行なえる」かは、発達を見極めるひとつの視点となります。

遊びのアドバイス

・みんなで声を合わせて体を弾ませながら楽しく行ないましょう。

スキルアップ解説

信頼関係の築きにも

理屈よりも、保育者も子どもたちの一員となって、共に楽しむ姿勢が大切です。このような単純な遊びの中でも、保育者と子どもたちとの「信頼関係」が築かれていくのです。

※『とんとんとんとんひげじいさん』作詞／不詳、作曲／玉山英光

いろいろな友達とかかわって 新たな仲間づくり

5月は園生活にも慣れてくるころです。イスを使ったり、ふたり組になって力比べや力合わせをしたりしながら、さまざまな「相手」との「動き」を繰り返し、新しい友達、ふだんあまりかかわっていなかった友達ともかかわる楽しさを共有します。

ペアムーブメント（力比べ・力合わせ&ジャンケン列車）

いろいろな相手との「カラダとココロ」の動きを体感

展開1 力比べ・力合わせ

ペアになって両手をつないで座る。できたところからスタート。

① シーソー

② ぱちぱちとんとん

4回。

③ 押し合いっこ

座ったまま両手を押し合って5秒。

④ なべなべそこぬけ

両手をつないで立って「なべなべそこぬけ」×1回。

⑤ 背中で押し合いっこ

背中合わせで座って10秒。

⑥ 背中でなべなべそこぬけ

背中合わせで手をつないで「なべなべそこぬけ」×1回。

⑦ ペア交替

「あーくしゅあくしゅで、ありがとうございました」で、新しい相手を見つけにいく。

発達Point!① 心と体の調整力

相手の力を感じるのと同時に、自分の力の出し方も「動き（カラダ）」を通して「ココロ」で学んでいきます。

発達Point!② 葛藤体験その1

相手を見つけるだけでも、「探す・選ぶ・決める」「自分から伝える・待つ」「相手になる・なれない」など、子どもたちの心は各人各様に揺れ動いています。

展開2

① **ジャンケントンネル列車**

ペアで電車になり、先頭同士でジャンケン。負けたペアは「トンネル」をつくり、勝ったペアがくぐる。

ペアは替えずに前後交替して出発。何回か繰り返す。

② **ジャンケン交替列車**

①で、勝ったペアはトンネルをくぐったら「ふたりとも先頭」になり、負けたペアが後ろにつく。新たなペアで出発し、エンドレスで続ける。

遊びのアドバイス

・「力比べ・力合わせ」はテンポよく進めます。
・「ジャンケン列車」は見本を見せてからルールを理解させましょう。

遊びのアドバイス

・「ジャンケン交替列車」でペアが替わったところで、「力比べ・力合わせ」を行ないましょう。

スキルアップ解説

自己発揮&受け入れる力

一定のパターンを繰り返すことで、子どもたちは見通しを持つことができます。そしてルールを共有し合い、保育者の援助がなくても自分たちで伝え合う姿が見られるようになります。

また、同じ動きでもいろいろな相手とかかわり合うことで、「自分のこと」「相手のこと」「相手に見られている自分のこと」を知っていきます。そして自分を発揮すること、相手を受け入れることを学ぶきっかけにもなります。

ちょイス!? ムーブメント

場所を探したり、友達を選んだり受け入れたり

準備 イス（人数分）円形に置く。

展開1 おひざもおイス

ピアノ（並足曲）に合わせて円の中をお散歩し、「ストップ」の合図で、好きなイスに座る。

初めはイスを減らさないで「散歩&座る」を繰り返す。

イスを2つずつ減らしていき、座れなかった子は友達のひざの上に座らせてもらう（見本を見せておく）。イスが人数の半数になるまで「散歩&座る」を繰り返す。

いろいろな友達とペアになれるように、繰り返す。

発達Point!

葛藤体験その2

「もしかして自分だけひとりぼっちかも…」という不安も生まれてきます。このような心の揺れ動きも大切です。

遊びのアドバイス

・イスの数を減らすと、ひとつのイスに「3人、4人…」と重なって座ろうとする子が出てくるかもしれません。ですが、ここは「ひとつのイスにふたりまで」というルールに意味がありますし、自制心をはぐくむ意味でもしっかりと徹底しましょう。

展開2 ジャンケンで交替

円形だったイスを「ランダム」に置き換えます。半数の子がイスに座り、立っている子は座っている子とジャンケンをします。

立っている子が勝ったら交替。
負けたら別のイスに座っている子とジャンケン。

展開3 肩タッチで交替

立っている子は座っている子の肩をタッチし、タッチされたら座るのを交替。保育者は鬼になって、「おしりすりすり」で立っている子を追いかけます。

鬼にタッチされてもアウトや鬼交替はなし。ルールが浸透してきたら、子どもにも鬼を経験させましょう（2〜3人ずつ）。

スキルアップ解説

「みんなの中での自分」を自覚

4、5歳児の子どもたちは場所に対する「こだわり」はそれほどなく、「友達（対人関係）」に対する「こだわり」や「ぎこちなさ」が見られます。でも、それは「自我」がしっかりと充実してきて、「他者」を意識できるようになった証拠です。このような一斉で行なうゲームでは「みんなの中での自分」をより自覚できる機会となるはずです。

ちょこっとあそび 2・3歳

先生大好き！ スキンシップ遊び

子どもたちにとって、園が好きになるためのいちばんの要素は、何といっても「自分のクラスの先生」に対する「愛着と信頼」です。それは、体と体の触れ合いによって生まれることが多々あります。今回は、保育者と子どもたちとの距離をぐっと縮める「スキンシップ遊び」を紹介します。

かくれんぼごっこ

少しドキドキ、たくさんワクワク、やったー、見つけたー！

展開1 先生どこどこ？

1 子どもたちは座って顔を隠し、みんなで「10」数えます。

その間に保育者は子どもたちから離れる（子どもから見える場所でもよい）。

2 子どもたち「もういいかい？」保育者「まーだだよ」と声をかけ合います。

「もういいよ」の合図で子どもたちは保育者を見つけ、「みーつけた」で体にタッチ。

発達Point!

ごっこ遊び

保育者が隠れている「ふり」をしているようすが、遊びへの「おもしろみ」や「好奇心」を生み出しています。

展開2 先生こっちだよー

次は保育者が顔を隠して「10」数え、子どもたちは隠れます。「もういいかい？」「まーだだよ」を繰り返し、「もういいよ」の合図で保育者は探しに行きます（見つけていても探している「ふり」をしましょう）。

保育者は「○○ちゃん見ーつけた」とひとりずつ名前を呼んで、ハグ。

遊びのアドバイス

・「隠れる役」を交互に行なう必要はありません。ひとつの展開を十分に繰り返したうえで、子どもたちの反応を見ながら進めましょう。

スキルアップ解説

つながりを感じる

「見つけたとき」「見つけられたとき」のタッチやハグなどのスキンシップ（肌と肌の触れ合い）によって、言葉には替えられない「つながり感（愛着）」を、保育者も子どもたちも互いに感じ取ることができるでしょう。

グルグル回って先生と触れ合おう！

先生のトンネルだ！　先生にジャンプだ！　先生にタッチだ！

発達Point!

基礎的な運動能力

遊びを通して、歩く、はう、跳ぶなどの基本的な動作が、ひととおりできるようになっていきます。

電車でグルグル

子どもたちはつながって電車になり、保育者が立って壁に両手をついてつくったトンネルをくぐる。

ハイハイでグルグル

保育者は４つんばいのトンネルをつくり、子どもたちはハイハイでくぐる。

ジャンプしてタッチしてグルグル

保育者は手をかざし、子どもたちはジャンプしてタッチ。

遊びのアドバイス

・みんなで電車でグルグル周回するということを初めに理解させます。
・トンネルをくぐったり、タッチをしたりするときは、ひとりひとりに「すごいね」「じょうずだね」と、前向きな言葉をかけましょう。

スキルアップ解説

ひとりひとりの特徴・個性を見いだす

グルグル回るというひとつの「動線」が生まれることで、クラス全員と平等にかかわることが可能になります。設定された中での「かかわり」ですが、ひとりひとりの運動や情緒における特徴・個性を見いだすきっかけにもなります。

じっくりあそび 2・3歳

身近な道具に

興味が持てる遊び①

園にある身近な道具と子どもたちの「出会い」となる遊びを紹介します。その道具が持つ“特性”をいかした楽しみ方をすることで、子どもたちにとって、より“魅力的な遊び道具”になるのです。

フープであれこれ遊ぼう!

フープの動きそのものが、遊びの魅力のひとつです

準備
フープ(人数分)

フープさん待って〜

保育者が転がしたフープを子どもたちが追いかけて捕まえる。
捕まえたら持って帰ってくる。

3、2、1ロケット!

両手を伸ばして頭の上でフープを持つ。
みんなで「3、2、1…(少しためて)ロケット!」の合図で、
手を離す(頭の上で手のひらを合わせる)。

ドライブに行こう!

フープをハンドルに見たてて、保育者の周りを回る。
「ストップ」の合図で止まって「ひと休み」し、また「出発」で回る。

クルクルフープ回し

フープをその場でクルクル回す。
保育者の合図で一斉にやってみてもいいでしょう(回せない子には個別の援助を)。

発達Point!

こだわり

自我の発達による物や場所への「こだわり」が強いこの時期。「ひとりに1個ずつ」を基本とした遊びで、まずは「こだわり」を十分に受け止めましょう。

スキルアップ解説

意欲に合わせる

遊びは長く持続するもの、すぐ終わるものと、さまざま。長く続くものは何度も繰り返せばいいですし、すぐに終わってしまう遊びは、すぐにやめてもよいのです。肝心なのは、子どもがその遊びに対して目を輝かせてイキイキとしているかどうかで、逆に「ぼくはしない」という主張があっても、そのまま認めてあげましょう。

遊びのアドバイス

・単に遊び方を伝授するだけでなく、「保育者も子どもたちといっしょに遊び込む」という姿勢が大切です。

まてまてころころボールさん！

転がして、追いかけて、捕まえた！

ひとり1個ずつボールを持ち、机やスノコなどで作った「坂」に、ボールを置いて転がします。転がったボールを追いかけて取りにいきます。

準備

ボール（人数分）、坂（折り畳み式園児用机、スノコ、棒　など）

発達Point!

ボールの追いかけ方

ボールの転がり方に対して、どんな「追いかけ方（捕まえ方）」をしているかで、ひとりひとりの発達の違いが見られます。

遊びのアドバイス

・「坂」を適度に間隔をあけて何か所か作っておき、ボールを拾ったら、また別の場所から転がすようにして、遊びが繰り返されるように設定しておきましょう。

スキルアップ解説

まずは、保育者が見本を見せて

ボールが転がるようすは、この時期の子どもたちにとって大きな楽しみです。子ども自身が転がして転がるようすを眺めて自分で取りに行く活動に導くために、まずは、保育者がしっかりと転がす見本を見せてあげてください。

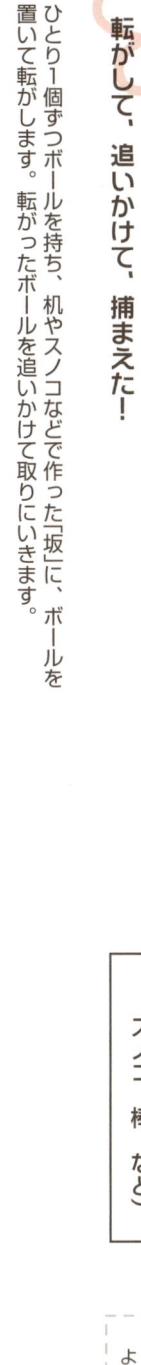

繰り返しがおもしろい

ちょこっとあそび 1歳

すぐあそべるよ

少し落ち着いてきたこの時期。泣き声が聞こえなくなったら今度はうろうろと探索活動が始まります。でもお気に入りの遊びがあれば、「あ！　はじまった」と戻ってきてくれますよ。目新しいものより、よく知っているもののほうがこの時期の子どもたちには楽しいのです。

とんとんとん…だぁれ？

扉の向こうにかくれんぼう

準備

扉の絵を描いた紙、動物が載っている絵本・写真

※扉の紙はラミネートして補強しておくと、1年中使用できる。

動物が載っている絵本・写真に扉の絵を重ねて、みんなで「とんとんとん」「だぁれ？」

保育者がその動物の鳴き声や特徴をまねしながら、さっと扉の絵を移動させて動物を登場させます。

発達Point！

興味づけ

鳴き声を聞き、「何かな？」と思っているところに写真や絵が登場すると、動物の姿と鳴き声が一致してきます。

ネコでしたー！
にゃーにゃー

扉の移動を上下左右に工夫すると、違うものに見えてくる。

遊びのアドバイス

・まだまだ物の認識量が少ないので、一度にたくさん教えずに、理解ができてきたら少しずつ増やすようにしましょう。

スキルアップ解説

同じフレーズを繰り返す

「とんとんとん」「だぁれ？」というフレーズを毎回続けることにより、「さぁ！　やるよ」と言わなくても子どもたちは「あれが始まった！」と認識します。「とんとんとん」の声が、遊びのスタートの合図になるかもしれませんね。

あら　あら　ぽっとん

あ！　落ちてきた!!

準備

パフリング・お手玉・ハンカチなど（頭の上に乗せやすいもの）

頭の上にパフリングを乗せて腕を組み、「あら、あら」と言いながら横に揺れます。

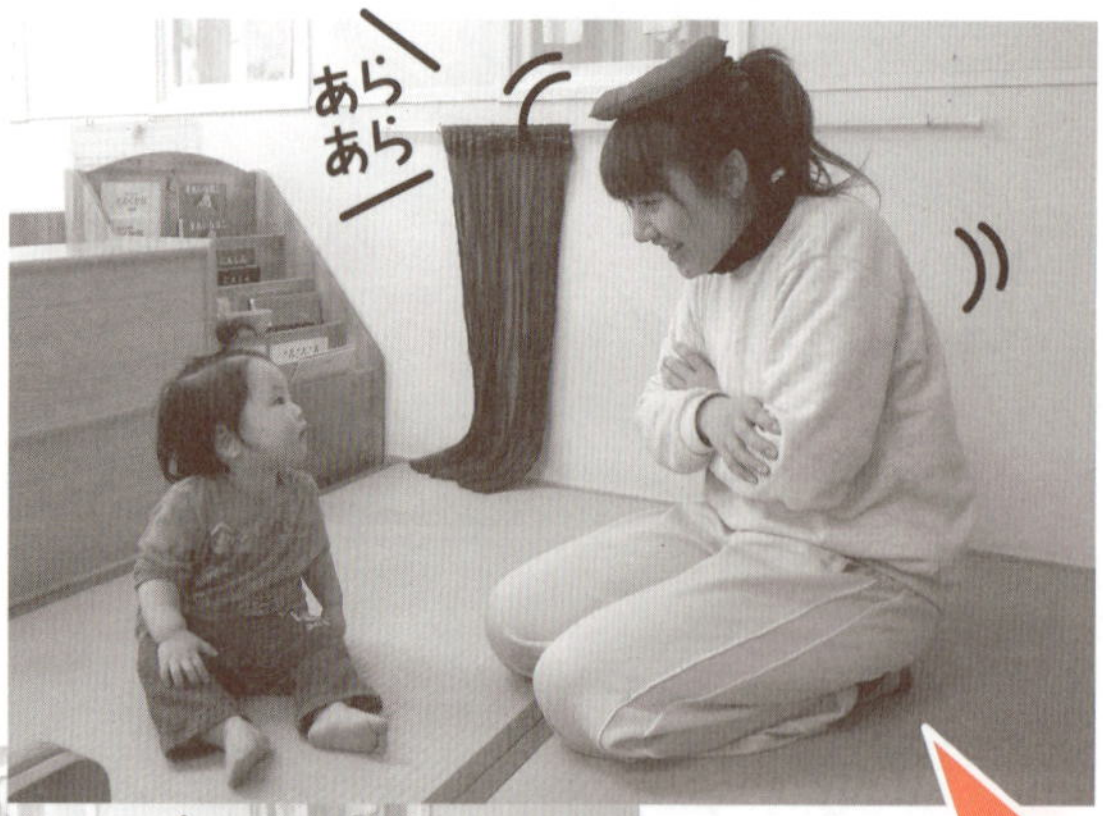
あらあら

「ぽっとん！」とパフリングを落とし、「あら、落ちちゃった」と驚いたように言い、頭の上に戻します。

落ちちゃった！

発達Point！

興味づけ＆期待感

頭の上のパフリングを見ながら「くるぞ、くるぞ、きた!!」という期待感がおもしろさを倍増させるのです。

遊びのアドバイス

・この年齢の子どもたちにはフェイントは効果がなく、むしろ興味を損ないますので、必ず期待どおりの動きを。

・落とし方にバリエーション（前、横、ぴょんと飛ばすなど）を加えても楽しいでしょう。

・繰り返していると、子どものほうから頭に乗せてくれますよ。

スキルアップ解説

知っているから楽しい

落ちた、乗せた、の単純な動きの繰り返しですが、それが子どもたちにとってもおもしろいのです。繰り返すうちに理解し、理解すればするほどおもしろさが増します。「よく知っている＝楽しい」という時期なのです。

4月
5月
6月
7月
8月
9月
10月
11月
12月
1月
2月
3月

遊びの幅を広げよう!

じっくりあそび

1歳

園生活にも慣れ始め、子どもたちの「興味」や「関心」は、さらに広がりを見せ始めて、遊び方や楽しみ方も少しずつ豊かになっていきます。 この時期、そんな子どもたちの目が輝くような“ひととき”を作り出しましょう。

でこぼこ道を歩こう!

バランス取って歩けるかな?

準備
マット、ボール・ソフト積み木　など
マットの下にボールやソフト積み木などを入れて、凹凸を作る。

初めは保育者に手を持ってもらいながら歩きます。繰り返す中でひとりでバランスを取って歩きます。

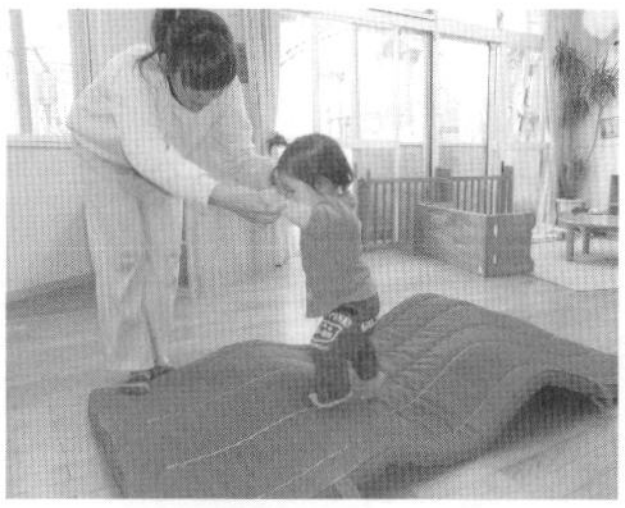

遊びのアドバイス
・あまり凹凸が大きくならないように、子どもの動きを見ながら「程よい凹凸」にしましょう。

発達Point!
歩行
まず平たんなところで、左右交互に足が出ており、つま先とかかとが交互に地に着いているかという「基本歩行」ができているかを観察し、把握しておきましょう。

スキルアップ解説
バランスを取って歩く
「歩く」という動作が「目的」であったのが、「手段」へと移り変わるころです。不安定なところでも、バランスを取りながら「自分で歩く」ことで、さらに子どもたちの遊びの世界は広がっていくでしょう。

ひとりですべりたーい

ぜんぶひとりでできるよ

自分で階段を昇って滑ります。

準備
折り畳み式園児用机・表面が滑りやすい板、積み木　など

手前に階段を作り、安定させる

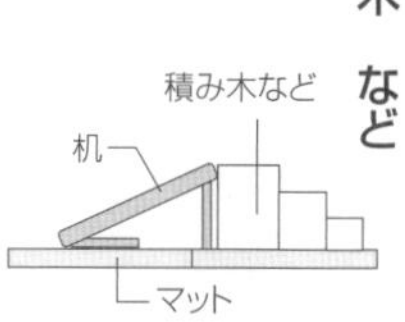

発達Point!
外界の広がり
方向を転換させたり、振り返って見たり、回り道をしたりと、ものごとのとらえ方が豊かになってきます。

スキルアップ解説
遊びを自分のものに
「自分で昇って、自分で滑る、そしてまた昇る」というように、保育者に見守られながら、「遊び」を自分のものにしていけるかがポイントです。

わくわく動くよ

よちよちタイプのあそび

0歳

歩行ができると、子どもは「目標」に向かって歩き始めます。歩行がままならない子どもも笑顔になってハイハイで進むでしょう。歩くこと自体が楽しみでもありますが、「保育者の誘いかけ」と「子どもの反応」が、しっかりと結びつけば、さらに「わくわく動く」ことにつながります。

こっちだよー

あっ　いたー　テクテクテクテク

準備　マット

マットを立てて、子どもから見えないように隠れます(全部隠れていなくてもよい)。顔だけのぞかせて名前を呼び、子どもが気づいたら隠れます。

遊びのアドバイス

・「名前を呼ぶ」という誘いかけで反応がなければ、「おいでおいで」のゼスチャーや、ボールや玩具などで誘いかけてみましょう。

発達Point!

誘いかけ

保育者の誘いかけに対して、名前を呼ばれたことに気づいているか、保育者を見て関心を示しているかなど、ひとりひとりの反応を観察しましょう。

子どもが保育者のところへ寄ってきたら、ぎゅーっとハグをしてスキンシップ。

スキルアップ解説

ありのままを受け入れる

どのような反応であっても、しっかりとありのままを受け入れ、温かく励ましてあげましょう。単に観察するだけではなく、子どもたちが潜在的に持つ新しい可能性が見えることに期待を込めて、子どもたちと向き合いましょう。

逆さまトンネルたんけんたい

先生のところへ行こう！

保育者は逆さまトンネルの反対側から誘いかけます。子どもはたどり着いたら入り口まで戻り、繰り返します。

準備　園児用机、マット

机を逆さまにしてマットを置く。

発達Point!

動作を引き出す

次は別の保育者が同じように誘いかけてみましょう。相手が変わっても動作に結びつくかどうかを見ましょう。

遊びのアドバイス

・入り口から出口へという流れができるように、保育者による誘いかけや興味づけ、用具の設定のしかたにも調節を加えていきましょう。

スキルアップ解説

対人的な交流

このような、保育者と子どもとの間に生まれる相互の働きかけによって、対人的な交流の手段が芽生えていきます。

動くっておもしろい

1日に数回はうつぶせにしてあげましょう。うれしいときは、手や足を上げたり、グライダーのようなポーズをしたりします。ただし、急に長時間行なうなど無理をさせないように。うつぶせを嫌うと、次の成長段階にくる大切な腹ばいをしなくなります。

それそれ・ふ～

保育者もいっしょにうつぶせで

子どもも保育者もうつぶせになります。保育者が手や足を上げて誘いかけ、次に「ふ～」と言いながらべちゃっと寝転びます。

発達Point! 粗大運動

手や足を上げ、上体をそらすことにより、背筋が強くなります。また、体を揺らすことで平衡感覚を学んでいます。次第に上体も揺れずに手足だけを動かすことができるようになります。

遊びのアドバイス

・「ふ～」と言いながら下ろすのは、少し休憩という意味。うつぶせを楽しむためにも「休む」ということを伝えてあげましょう。
・いやがる子は、もう少し時期をずらしましょう。

スキルアップ解説

目を合わせて行なう

目と目がしっかり合う位置で行なうと、子どもは安心しながら遊びます。また、保育者は表情を確認できるので、「もっと遊びたそうだな」とか「もういやかな」ということがすぐにわかります。終わった後には、やさしく抱っこをしてがんばったことを褒めてあげてください。

タッチ・タッチ

こっちへおいで

準備 引っ張りやすい玩具

手が届く位置につるした玩具を捕まえ、自分のほうへ引っ張れるようにします。

発達Point! 微細運動

把握反射が薄れていき、しっかりと握れるようになってきます。握ったら自分のほうへ引っ張り、口でしゃぶって確認しようとします。目・手・口と協応の動作が確立していくのです。

遊びのアドバイス

・目に留まったものをすぐ捕まえようとする時期。届かない位置では、子どもの意欲を損ないます。つるす位置をしっかり確認してあげましょう。

スキルアップ解説

しっかり握れるように

あおむけになって、自分の足など目に留まるものに対して興味を持つのはいいことです。手のひらを中心にして、5本の指で物をつかむという握り方ができるようになってきますので、しっかりと握れるように玩具の大きさ、素材の硬さに気をつけてあげましょう。

ちょこっとコラムで
じっくり理解!

遊びのからくりコラム2

新・イス取りゲームで
（従来の方法を見直し）
味わうかかわり体験

　昔ながらの『イス取りゲーム』はイスの争奪戦です。このルールは相手を押しのけて自分が生き残る、ということで望ましくないという考え方があります（特にアメリカの東部の州）。実際は、子どもたちは争奪戦を好みますから盛り上がります。しかし、ゲームが始まると最初にアウトになった子どもは最後まで応援するしかありません。応援することはゲームに参加しているとはいえません。これでは“子ども”が主役ではなくて“ゲームのルール”が主役になってしまい、ほんとうの意味で幼児期にふさわしいゲームだとはいえません。そこで、〔P.17〕〔P.27〕〔P.72〕にあるように、イスを使い『イス取りゲーム』の形を活用しながら、子どもたち同士のふれあい、かかわり合いの機会をつくり出すために遊び方やルールをアレンジします。このアレンジする力こそが保育者固有の専門性である、ととらえることができます。〔P.27〕〔P.72〕では**子どもたちはイスに座れないときは、だれかのひざに座ります。ここでとまどいや葛藤が生まれます。**だれのひざに座ろうか、だれかが自分のひざに座ってくれるだろうか、子どもたちの心（気持ち）は体と同じくらい揺れ動きます。従来の『イス取りゲーム』と異なり、このような新ルールにアレンジしてこそ、“子ども同士のかかわる力”をはぐくむことができるのです。

6月のテーマ

夢中になって遊び込める遊び

じ

じっくりあそび
- 用具使用
- 基礎運動能力の向上にも配慮したゲーム性のあるものなど!

ち

ちょこっとあそび
- 準備ゼロ!
- 時間が空いたとき、お集まりなどに最適

子どもの姿

1
「Sくん」は園に楽しそうな遊びが多くて、いつも目移りしています。
ちょっとやったらソワソワ、違う遊びをしてもソワソワ…。遊び込めないようす。
ソワ
ソワ
ソワ
ソワソワ…
2
「Bちゃん」はふだんからボーっとしがちで集中力がありません。
遊んでいてもボー…。
食事のときもボー…。
ボー…
3
ある日の積み木コーナー
ソワソワソワ
ボー…
サ
サッ
カチャ
カチャ
4
固まっている
建築中のお城たち
もういない
完成はまだ遠く…
ひとつのことに打ち込めたらいいのにな…
そんなときは
おまかせ!!

ちょこっとあそび 4・5歳

子どもたちの俊敏性を養う

“すばやい反応”遊び

保育者にしっかり注目して、合図や掛け声に合わせ“すばやく”反応！
楽しみながらも俊敏性を養う遊びです。

すぐ あそべるよ

ひげじいさんから、なにじいさん!?

すばやく手と頭を働かそう！

♪『とんとんとんとんひげじいさん』※をゲームにアレンジしたものです。保育者が「ひげじいさん、ひげじいさん…」と声をかけ、「こぶじいさん！」の合図で子どもたちもすばやく同じポーズをします。

ひげじいさん
ひげじいさん…
こぶじいさん！

「てんぐさん」「めがねさん」でも楽しみましょう。

発達Point!

俊敏性を養う

「一瞬の判断」と「一瞬の動作」が大切です。

フェイント

例

保育者：「ひげじいさん、ひげじいさん…
てんぐさん！」
（手はてんぐさん以外）。
子ども：てんぐさんのポーズ。

てんぐさん

正解◎ てんぐさんのポーズ

違うポーズ

例

保育者：「ひげじいさん
ひげじいさん…
てんぐさん！」
子ども：てんぐさん以外のポーズ。

てんぐさん

正解◎ てんぐさん以外のポーズ

遊びのアドバイス

- 年齢や子どもたちの反応に合わせて、ゆっくりしたり、同じ動作を繰り返したりします。
- 慣れてきたら、テンポを速くするなどバリエーションを加えていきましょう。

スキルアップ解説

テンポ&スピードよく

「俊敏性」とは、一瞬の判断や動作がすばやいことを意味します。４・５歳になると、遊びの要素に「テンポ」や「スピード」が加わってても楽しめるようになってきます。

※『とんとんとんとんひげじいさん』作詞／不詳、作曲／玉山英光

UFOを捕まえろ!

先生をよく見てすばやく手をパチン!

❶ 保育者は手をグーにして『UFO』に見たて、子どもたちは両手を〝メガネ〟のようにして『UFO』を見ます。

UFOだよ!!
よく見ててねー。

❷ 保育者は「この手がパーになると、UFOが消えちゃうから、すぐに手をパチン!ってたたいて捕まえてね」と子どもたちに説明し、グーの手(UFO)を動かします。間合いを見てパッと手をパーにし、子どもたちは、すばやく手をパチンとたたきます。

パッ
パチン

パッ
おっと

慣れてきたらフェイント(チョキ)をして、やりとりを楽しみましょう。

発達Point!

脳の発達にも好影響

「集中力」と「一瞬の判断力」が鍛えられます。

遊びのアドバイス

・グーからパーにするタイミング(間合い)が大切です。

スキルアップ解説

脳力アップ

子どもたちが集中力を働かせて、一生懸命すばやく反応しようとする行為は、神経系に刺激を与え、脳の働きにもよい影響を及ぼします。

「ルール」を投げかけることによって
夢中になれる遊び

じっくりあそび

4・5歳

保育者から投げかけられたルールを理解し、みんなで共有することで、その遊びの楽しさやおもしろさがわかります。また、体を動かす楽しさを感じながら、いろいろな友達とかかわる機会を持てる遊びです。

いっぱいあそぼう

進化ジャンケン

同じポーズの相手を探して、いろいろな友達とかかわろう

準備
玉入れの玉　など

展開1 個人戦

ワニ（腹ばい）、カエル（カエル跳び）、サル（手を顔の上下）に分かれて、同じポーズの人とジャンケン。勝つと、ワニはカエルに、カエルはサルに進化。サル同士で勝つと宝物（玉入れの玉など）を1個ゲット！

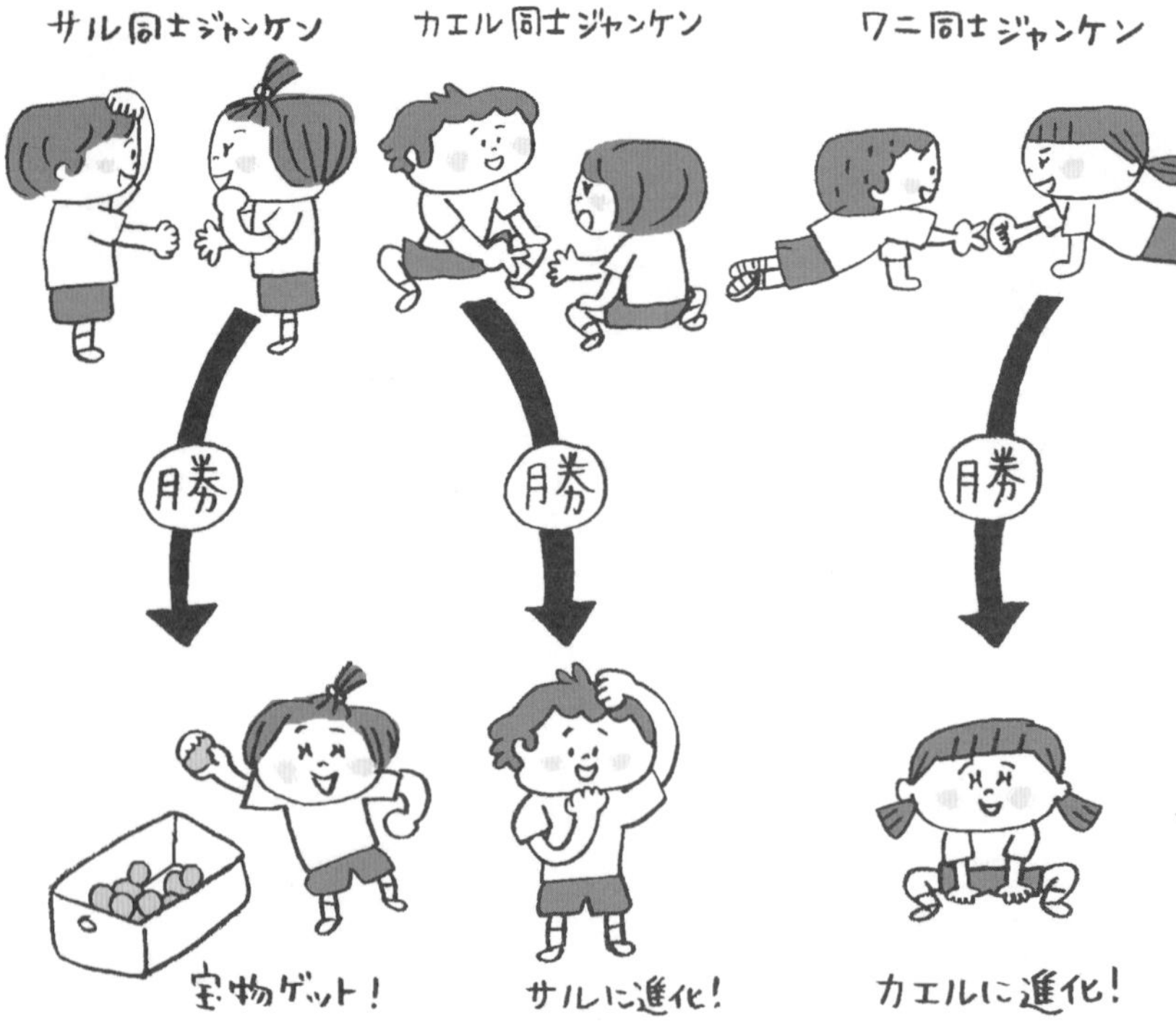

サル同士ジャンケン
カエル同士ジャンケン
ワニ同士ジャンケン
勝
勝
勝
宝物ゲット！
サルに進化！
カエルに進化！

負けた子は進化しない。サルは勝っても負けてもまたワニからスタート。
全体の8割以上の子どもが、宝物を1個以上獲得できたらストップして、再スタート。

発達Point!
見通す力
どうすれば宝物をもらえるかという見通しが持てると、やる気が出ます。

展開2 チーム対抗

同様のルールで、2チームに分かれて対戦（帽子で色分け）。

また1こゲット！
宝物置き場
宝物置き場

ゲットできた宝物は、チームで1か所に集め、宝物の多かったチームが勝ち。

遊びのアドバイス
- 4歳児で行なう場合、ジャンケンを理解しているか、事前に保育者対子どもで確認をしましょう。
- 初めにひととおりの「見本」を見せましょう。

スキルアップ解説

流れがわかると夢中になれる

ジャンケンに勝つとワニからカエル、そしてサル、さらに宝物ゲットという、だんだん目標に近づいていく「一連の流れ」を理解し、「見通し」が持てることで、遊びに夢中になれます。

フープでとことん遊ぼう！

フープが遊びに夢中になるツール、ルールが遊びに夢中になるツール

準備
フープ（ふたりに1個）

展開1 フープでいろいろな動き

① 座って両手で持ってシーソー
② 横にクルクル
③ 縦にクルクル
④ 回転させる
⑤ 立って向かい合ってコロコロ

発達Point!
共有体験
ひとつの物をふたりで使う遊びは「つながり感」が芽生えます。

展開2 ジャンケンフープ交替電車

【展開1】のチームで電車になります。違うチームの運転士同士でジャンケンし、勝ったチームはそれぞれが運転士、負けたチームはお客さんになります。新たなふたりで出発し、繰り返します。

展開3

しばらく遊び続けたら、一度ストップし、そのときのペアで【展開1】のフープ遊びを行ないましょう。

遊びのアドバイス
- 4歳児の場合は、ふたり組を作ってからフープを配ったほうがいいでしょう。
- 【展開2】では、子どもをモデルにして見本を見せましょう。

スキルアップ解説

仲間意識の芽生え

ふたりでひとつのものを使い、ルールを共有して遊ぶ中で、「やりやすさとやりにくさ」、「ジャンケンに勝つ・負ける」、「相手が変わる」など、さまざまな感情が生まれます。その感情を「ふたりで共有すること」に意味があります。小さな共有体験の積み重ねが、仲間意識の芽生えへとつながります。

難しいけど夢中になれる

ぴょんぴょん遊びとバランス遊び

保育者のまねをして、いろいろな動物に変身して楽しみます。跳ぶ動作やバランスを取る運動は、まだまだ不慣れですが、でき始めると夢中になって取り組みます。

ぴょんぴょんする動物さん見ーつけた

いろいろな動物さんになってみよう

スタートとゴールの線を決めて、みんなでいっしょに動物のポーズで行ったり来たりを繰り返します。

発達Point!

跳ぶ

跳ぶことは基礎的な運動です。

カエルさん

両手と足をついてしゃがんで跳ぶ

ウサギさん

両手を頭の上にあてて両足をそろえて跳ぶ

遊びのアドバイス

・手拍子と励ましの声かけによって、夢中になれるような雰囲気をつくりましょう。

カンガルーさん

片足をあげて跳ぶ

スキルアップ解説

身体発達を見極める

「跳ぶ」動作は、この年齢の子どもたちの身体発達を見極めるポイントとなります。定期的・継続的にみんなで取り組む時間を設けていきましょう。

よちよちとことこぐらぐらする動物さん見ーつけた

がんばってカラダを支えてみよう

ペンギンさん

かかとだけで立ち、少し歩く

発達Point!

基礎的な運動

体のバランスを取る経験です。

キリンさん

つまさきだけで立ち、少し歩く

大きな鳥さん

両手を広げて片足で立つ

遊びのアドバイス

- 手拍子をしたり声をかけたりしながら、夢中になれるようなきっかけをつくりましょう。
- ひとつの動作を何回も行なう必要はありません。
- 一瞬でもできたことを褒めましょう。

スキルアップ解説

「動物ごっこ」を楽しむ

この時期の子どもは、基礎的な運動が少しずつできるようになります。しかし、無理にさせたり、今すぐできるように指導したりする必要はまったくありません。保育者のまねをして、動物になりきって動作を楽しむことが大切です。

じっくりあそび

2・3歳

身近な道具に
興味が持てる遊び②

その道具が持つ“特性”を生かしながら、「シンプル」で「わかりやすい」動きやルールで遊ぶことが、興味や関心を持って何度も繰り返し、夢中になれる秘訣です。

いっぱいあそぼう

パフリングであれこれ変身！

パフリングがいろいろなものに変身!?

準備
パフリング（ひとり1個）

展開1 その場でできる遊び

丸い顔
大きい口
天使さん
電話
もしもし
頭に乗せてぽとん!
ぽとん

展開2 GoでハンドルStopでドーナツ

ハンドルに見たてて保育者の周りをグルグルドライブ。保育者「車に乗ってドーナツ屋さんに行きます。ゴー!」「ストップ。ドーナツ屋さんに着きました。おなかの下に隠しておかないと先生食べちゃうぞー」

遊びのアドバイス

・ひとつひとつの遊びにおいて「これなんだと思う?」など、子どもたちと言葉のやりとり（キャッチボール）を交わしましょう。

発達Point!

見たてる遊び

「…のつもり」「…のふり」でイメージを膨らませます。

ゴー!
ストップ!
パッ
パッ
パッ
パッ

子どもたちはうつぶせになって、おなかの下にパフリング（ドーナツ）を隠す。保育者はドーナツを見つけに行く。「ゴー」「ストップ」を繰り返す。

スキルアップ解説

遊びでつながる

何かに見たてたり、なりきったりして遊ぶのが大好きなこの時期の子どもたち。イメージを膨らませて遊び込むことで、遊びそのものの楽しさがわかるのと同時に、保育者や友達同士においてさまざまなやりとりが生まれていきます。

玉入れの玉でいろいろ遊び

玉を使って投げたり、行ったり来たり

準備　玉入れの玉たくさん、カゴ、目標物(箱・カラー標識　など)、マット

展開1

玉を目標物(壁、箱、カラー標識など)を目がけて目いっぱい投げる。

玉がなくなったら、子どもたちといっしょに玉を集めて繰り返し。

発達Point!

自己発揮

力いっぱい投げるなど、力を十分に発揮することが大切です。

遊びのアドバイス

・玉はたくさん用意しましょう。

・玉の投げ方や運び方は不慣れであっても、ひとりひとりのありのままの姿を認め、主体的に遊びに参加できるように援助しましょう。

展開2

マットを対面に置き(間隔は5m程度)、片方のマットに玉の入ったカゴ(2~3個)を置く。子どもたちは持てるだけ玉を取り、マットの上に置いたら、また取りに行く。

玉がなくなるまで繰り返す。

スキルアップ解説

自我を育てる

まずは、ひとりひとりの自分のしたいこと(行動や意思)をしっかりと受け止めて、満たしてあげることが大切です。自分をしっかり発揮できる経験と、自分をしっかりと保育者に受け止めてもらう経験が、確かな自我を育てます。

同じって楽しいなぁ

ちょこっとあそび

1歳

いろいろなものに興味津々な子どもたち。言葉の知識も少しずつ増えてきたことでしょう。自分の体や日常によく見るもので遊ぶことにより、楽しみながら言葉を覚えてくれますよ。

ぶらぶら ぶらぶら

じょうずに手をもっていけるかな?

手を振りながら「ぶらぶら…」と言って、「おくち」と言うと同時に口を触ります。いろいろな部位で繰り返します。

遊びのアドバイス

- 動きができているか、見極めながらゆっくり進めましょう。
- 「ぶらぶら…」と手を脱力して揺らす動きは意外と難しいので、体を「ゆらゆら」や手を「グーパー」などでもいいでしょう。

発達Point!

興味づけ

「見たことをすぐにまねる」ことは、目から入ってきた情報を脳に伝え、脳からの命令で体が動くということです。

スキルアップ解説

遊びながら覚える

子どもたちはまねっこ遊びが大好きです。一生懸命食い入るように見ながら、まねていきます。遊びを通して、自分の体の部位と言葉が一致していき、言葉の情報量が増えていくのです。

ポッタン ポッタン

雨が降ってきたよ

降ってくる雨をイメージしながら、手を上下させて遊びます。

発達Point!

興味づけ&イメージの共有

雨をイメージすることを楽しみます。

遊びのアドバイス

- ポツポツ降る雨、ザーザーと降る雨、台風のように激しく降る雨などをイメージしながらやってみましょう。

スキルアップ解説

見たものをイメージする

実際に目の前では降っていない雨が降るようすをイメージしながら遊ぶためには、本当に降っている場面をよく見ておくことも大切です。雨をイメージできるように、「ゆっくり」から「速く」とスピードを変えたり、落ちてくる場所を前後左右に変えてみるなど、変化をつけてもおもしろいです。

どきどきわくわく
たんけんたい

「山」や「坂」に加えて、「段差」や「はしご」など、あらたなユニットを取り入れて、のびのびと遊具にふれあい、遊びに夢中になれるひとときを生み出します。

サーキット遊び① 段差のぼりおり

動くことが楽しいから乗り越えられるよ

準備 大型の積み木・巧技台、マット　など

サーキット遊びのなかに15～20㎝程度の段差を作り、「のぼる」「おりる」「とびおりる」の3つの動きをします。

のぼる

おりる

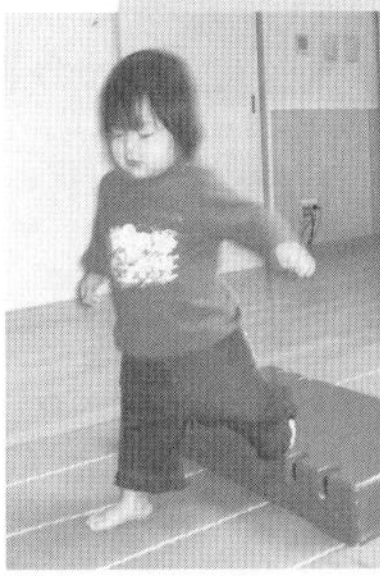

とびおりる

発達Point!
段差を越えて
抵抗（障害物）を乗り越えていくことを楽しみます。

遊びのアドバイス
・「コース」や「高さ」は毎回同じにして、何度も繰り返しましょう。

スキルアップ解説
乗り越える楽しさ
「ただ歩く」だけでなく、段差の「のぼりおり」など、目標へ向かって抵抗（障害物）を乗り越えていく楽しさを感じることができます。

サーキット遊び② はしごのぼり

手と足じょうずに使えるよ

準備 はしご、大型の積み木、マット　など

マットの上に高さ30㎝程度の積み木などを置き、はしごを斜めに掛けて登ります。

発達Point!
斜め姿勢
斜めの構えから次の動きをするにはバランスが必要です。

※踏み外しに注意し、必ず保育者が補助につきましょう。

遊びのアドバイス
・両手、両足をしっかり使えているか観察しましょう。

スキルアップ解説
新たな発達の育ち
この時期、腰を中心に全身でバランスを取りながら「斜め姿勢」を獲得していきます。また、「手足の連動性」や「目と手の協応性」など、新たな発達の力も備わってきます。

箱で遊ぼう

身近な素材を使って、子どもたちが遊びに夢中になれるような“遊びっくり箱”を作ってみましょう。

箱に入ったり出たり

箱の中と箱の外の世界

準備 段ボール箱（箱のふちは布テープをはる）

子どもは箱に入ったり出たりを楽しみます。保育者は「じょうずだね」と声をかけ、箱をゆするなど変化をつけてあげましょう。

外に
出てみようか
グラグラ〜

箱の外へと導き、箱を少し移動させて、また箱に入るように促し、繰り返す。

発達Point!

いろんな世界

「狭いところ」「広いところ」を感じることが大切です。

遊びのアドバイス

・箱の大きさは、広すぎず狭すぎず、子どもが座って少し余裕がある大きさに。
・子どもが箱に対して興味がわくように、模様をつけるなど工夫しましょう。

スキルアップ解説

興味を持つこと

箱の中に入ると「狭い」、箱の外に出ると「広い」ということがわかり、遊びの世界が広がります。同時に、身の回りの物や人への「働きかけ」も豊かになっていきます。

箱に入れて拾ってまた入れて

何回やってもおもしろいね

準備 段ボール箱（上面の中心に1か所、下面の端に1か所、穴をあけておく）、カラーボール（子どもが片手でつかみやすいもの）など

保育者は箱を子どもの目の高さくらいで持ち、子どもがカラーボールを中に入れたら、少し箱を揺らして穴から落とします。できる子はボールを拾い、繰り返します。

入れてね—

発達Point!

手の操作

自由に手を動かせるようになってきます。

遊びのアドバイス

・しぜんとボールが穴から落ちてくるように、箱の作り方を工夫しましょう。

スキルアップ解説

物でコミュニケーション

手を出して取りに行き、引き寄せたり、なめたり、持ち替えたり、自由に放すことができるようになったりしていきます。さらに、ほかのところへ入れたり、相手に渡したりと、物を媒介として対人関係をつくっていきます。

あれもこれも触りたい！

寝返りが打てるようになると、子どもたちの活動が広がります。うつぶせの姿勢がうまく保てるようになると、今度は体を回転させて、いろいろなものを自分から触りに行こうとします。

ごろっと、がんばれ

「へんし～ん」で寝返り！

準備 子どもが興味を持てる玩具

あおむけで寝返りがうてるような体勢にしてあげ、「へんし～ん」と声かけをしながら寝返りを誘います。

発達Point!

腹筋・背筋

寝返りをすると腹筋・背筋が育ちます。

遊びのアドバイス

・動く意識を高めるため、横から声をかけたり、音の鳴るもので促したりしましょう。
・左右両側への寝返りを促しましょう。

スキルアップ解説

寝返りとうつぶせキープ

顔を横に向け、空をけるようにして腰をひねり、肩・首・頭と順に回転させて寝返りができます。ごろっと転がったら、すかさず目の前に玩具を置いてあげると、うつぶせの状態をキープできるようになってきます。

こっちよ、こっち

どこにあるかな？

準備 子どもが興味を持てる玩具

玩具を子どものひざの辺りに置くと、それに向けて手を伸ばしながら回転していきます。

発達Point!

ピボットターン

回転運動で、「移動」する力を身につけます。

遊びのアドバイス

・声をかけたり、玩具を鳴らしたりすると、音のする方向に体を向けようとする意識が高まります。
・体を回転させて玩具に触れたらたくさん褒めてあげ、「褒められる＝動くことが楽しい」につなげていきましょう。

スキルアップ解説

行動範囲の広がり

おなかを軸にしながら手で円を描くような回転運動をピボットターンといいます。上体を押し上げ、床を足でけりながら動くことで、少しずつ「移動」を身につけていきます。寝返りとピボットターンが連続して行なえるようになると、行動範囲や視野がかなり広がります。

ちょこっとコラムで
じっくり理解！

遊びのからくりコラム3

蒸し暑いときこそ
メリハリのある展開や力いっぱいの動き

じと〜と蒸し暑い日は、真夏の暑さより不快感は高まり、運動欲求は衰えます。そればかりか、蒸し暑いとき、友達同士の関係においてもトラブルに至る可能性が高いと推察しています。しかし、だからといって運動が不必要という意味ではありません。運動量の少ない動きや休憩を多く取り入れた展開は、かえってマイナスです（水分補給には配慮してください）。この時期には、それなりの「配慮」が必要です。例えば、〔P.38〕のように**すばやく反応し敏捷性が求められるような「配慮」**は蒸し暑いときに適した“ちょこっとあそび”といえるでしょう。また、〔P.41〕の【展開2】のように「電車」でしっかり動きながら、ジャンケンで次々にパートーナーが替わっていく、しかも、“運転士”“お客さん”の役割がドンドン入れ替わる、このような逐一保育者から指示を受けなくても、**ゲームを自分たちで進められるメリハリのあるゲーム展開**が蒸し暑さを吹き飛ばします。一方、2･3歳児においては、〔P.45〕の【展開1】のように、力いっぱい玉を投げるなど、**運動量が豊富な活動**がおすすめです。

私たち大人は蒸し暑いときは動き回りたくありませんが、子どもたちは、メリハリがあり、しかも、運動量のある活動によって蒸し暑さを乗り越えるのです。

7月のテーマ

水と仲よし
友達と仲よし

じっくりあそび
- 用具使用
- 基礎運動能力の向上にも配慮したゲーム性のあるものなど!

ちょこっとあそび
- 準備ゼロ!
- 時間が空いたとき、お集まりなどに最適

子どもの姿

1
今日は
プール開き!
ワーーイ!!
2
ウワー　カエルー
でも実際は…
……
プールにも入れない
こんな姿の子が…
現実逃避
ぴっ
ゴシ
ゴシ
水滴もイヤ
3
せんせ
あそぼ
ちょっと待ってねー
あせあせ…
お水に慣れよう!
こっち向いてー!
イヤー!!
あせ…あせ
4
最後はみーんな
やりたいほうだい
トホホ…
ワイ
ワイ
ワイ
ワイ
ワイ
ワイ
どうしたらよいものやら…
そんなときは
おまかせ!!

ちょこっとあそび 4・5歳

プールで
レクゲームをアレンジ!

キャンプファイヤーなどで定番のレクゲームをプールの中でやってみると、歌や踊りに夢中になって、少々の水しぶきもへっちゃらに！お泊り保育などにも生かせますよ！

タローくんとジローくんの水しぶき大会

はじけて踊れば水もはじける!?

子どもたちはプールの壁に背中をつけて並び、保育者といっしょに歌いながら進めます。

1 『太郎君と次郎君』※のメロディーで歌います。
♪「タローくんには友達がいて、友達のなまえはジローくん。ジローくんにも友達がいて、みんなこうやっていた～」

2 保育者「みぎーて」 子ども「みぎーて」
右手を下からすくうようにして水しぶきをあげる。

3 ②の動作を繰り返しながら、♪を歌う。

遊びのアドバイス
・水しぶきをわざと友達にかけないように、初めに約束しておきましょう。

4 ②の「みぎーて」に続けて、「ひだりて」と新たな動きを加えていき、その動きを同時に行ないながら、♪を歌う。

●**ひだりて　みぎあし　ひだりあし**
それぞれの部位で水をかきあげる。

●**あたま**
両手で水をすくい、頭にかける。

●**おしり**
おしりを水の中につける。

発達Point!
アレンジを楽しむ
アレンジを理解できていると楽しめます。

5 「おしり」まで言い終わったら、♪を歌いながら右手左手右足左足頭おしりのすべてを動かし、はじける。

6 「おしまい」で全身を水の中につける。

スキルアップ解説
アレンジと工夫
同じ遊び歌やレクゲームでも、場所を変えたり、相手を変えたり、動きを変えたりと、さまざまにアレンジできます。子ども同士の遊び方に「工夫」が出てくる時期なので、子どもたちは順応して楽しむことができます。

※『太郎君と次郎君』作詞・作曲／不詳

海水浴へ行こうよ!

水の中でも仲間づくり

❶ 保育者の歌と動きに、子どもたちが続きます。
『猛獣狩りに行こうよ』※のメロディーで。
♪「海水浴へ行こうよ」「海水浴は楽しいね」
両手で水を4回ずつたたく。

❷ 「だってうきわ持ってるもん」
おなかの前で輪をつくるポーズ。

❸ 「水中めがねも持ってるよ」
両手でめがねのポーズ。

❹ 保育者「あっ」
子ども「あっ」
保育者「クジラ」(3文字)子どもは名前の字数で集まり、手をつないでしゃがみます。

「アジ」(2人組)、「ウミガメ」(4人組)など海の生き物の名前で繰り返す。

遊びのアドバイス

・友達を探したり選んだりするところは、できるだけ子ども同士で解決できるように見守りましょう。
・グループ作りの早さに差が生じますが、全員を待ってから一定のテンポで繰り返すほうが、安全かつ集中して取り組めます。

発達Point!

子ども同士という環境

かかわりの広がりと深まりが促されます。

スキルアップ解説

かかわりあえる環境

子ども同士がかかわりあう場面(環境)を、クラス(集団)として数多く経験しておくことで、「楽しみ方」「遊び方」「かかわり方」にも、広がりと深まりが生まれてきます。

※『猛獣狩りに行こうよ』作詞・作曲/二本松はじめ

水の抵抗や不思議さを

「楽しみ」に変えて

多くの子どもが、ある程度水の中で自由に動けるようになりつつあります。室内や戸外でしていたゲームをプールの中で行なうことで、「水」の抵抗を感じながら、プールの中ならではの楽しみ方がわかってきます。

プールでだるまさんがころんだ

水の抵抗を感じながら"動く&止まる"動作を楽しもう

子どもたちはプールの壁に背中をつけ、保育者は反対側の壁に立ちます。

「だーるまさんがころんだ」の間、子どもたちは前に進みます。言い終わると同時に保育者は振り向きます。止まっていない子どもはアウト。またスタートに戻って繰り返します。

保育者側の壁にタッチできたら1点。

遊びのアドバイス

- 「だるまさんがころんだ」のテンポは一定にしたほうが、子どもたちは見通しを持って取り組めます。
- 厳密にアウトを見つけるのではなく、よっぽどのルール破りがない限り、たくさんの成功体験を積ませてあげましょう。

発達Point!

抵抗を乗り越えるチカラ

乗り越えることの楽しさを知っていきます。

スキルアップ解説

楽しみながら乗り越える

水の中では「抵抗」によって思うように動くことができません。でも、この年齢の子どもたちは、「抵抗」によって遊びの楽しさが半減してしまうのではなく、それを乗り越えていくことが楽しみへと変わっていきます。同時に「抵抗を乗り越える力」が身についてきます。

バリエーション

ふたりで手をつないで

ワニさんになって

ふたりで電車になって

プールでレスキューごっこ

ほんとに助けなきゃ！

全体を2チームに分け、子どもたちは両側の壁に背中をつけて座ります。Aチームの子どもたちは**ふたりひと組**で、Bチームの子どものところへ行き、手を持って、反対側の壁まで引っ張ります。

準備
フープ、ロープ

発達Point!
水の不思議さ
「なんで浮くんだろう」という気づきも大切です。

交替して繰り返し。

遊びのアドバイス

・ふたりでひとりの友達を助ける、というルールを徹底しましょう。
・体をまっすぐにして引っ張られることができない子は、長座のポーズで引っ張ってもらってもよいことを伝えましょう。

スキルアップ解説

信頼関係を築く

この遊びは「助ける」「助けられる」という中から、子ども同士の信頼関係を築くきっかけとなりますが、同時にプールの中で引っ張られると「自分の体が浮く」、という水ならではの不思議な体験も味わうことができます。

バリエーション

ロープで

フープで

水しぶきと仲よしこよし

子どもたちがよく知っている手遊びや簡単な動作を、「水」と触れ合いながらします。そうすることで、遊びに夢中になり、顔にかかる水しぶきも気にならなくなります。このような遊びをきっかけに、少しずつ水に慣れ親しんでいきます。

あたまかたひざパシャン！

手遊びが楽しいから水しぶきもへっちゃら

子どもたちはプールの壁に背中をつけて座ります。『あたまかたひざポン』※の手遊びに合わせて、「ポン！」のときに両手をパーにして水面を「パシャン！」とたたきます。

「めー、みみー、はなー」と両手で触って、「くちー」のときに、両手で水をすくって口にそっとつけます。

バリエーション

テンポアップ

歌のテンポを速くする。

強弱をつける

「ポン！」のときに静かにたたいたり、強くたたいたりと、強弱をつける。

回数を増やす

「ポン！」のときに「パシャンパシャン」と2回、3回と増やす。

発達Point!

水に対する抵抗感

なぜいやがる？ その子にしかない理由が必ずあります。

遊びのアドバイス

- プールに入る前に、この手遊びを子どもたちとやり込んでおきましょう。
- 気温、水温が低いときは、立ったまま行なってもよいでしょう。

スキルアップ解説

水をいやがる理由を把握

「水しぶき」もさることながら、「口に水を近づける」なんてもってのほか！ という子どももいるでしょう。それには必ずその子なりの理由があるはずです。保育者は、保護者との連携も図りながら、その理由をしっかりと把握しておくことも大切です。

※『あたまかたひざポン』作詞／不詳、イギリス民謡

おふろからロケットどっか〜ん

みんなでいっしょにするから楽しいね

立ったまま

頭の上で両手を合わせてロケットのポーズをします。「3、2、1…ゼロ！　どっか〜ん！」で、立ったままの状態からその場で1回ジャンプします。

3、2、1、ゼロ…
どっか〜ん！

2回程度繰り返し。

発達Point!

水の感触

水につかり、飛び出すことで水の感触がつかめます。

おへその位置から

水面がおへその位置になるようしゃがんで「どっか〜ん」で、両手と体を伸ばして、ジャンプ。

3、2、1….

子どもの興味に合わせて3回程度繰り返し。

肩までつかって

肩までつかって、同じように繰り返す。

肩までつかってみよう！
3、2、1….

子どもの興味に合わせて3回程度繰り返し。

遊びのアドバイス

・入水して、まだ水にも雰囲気にもなじめていないときに、取り入れるとよい遊びです。
・水が冷たいなど、「つかる」ことに抵抗を感じている子は、立ったままでもOK。

スキルアップ解説

水の重さを体感

水の中に体をつけるだけでも、水の感触や抵抗を感じます。また、水から飛び出すことで、水の重たさや、水しぶきを体感します。このように、全身で水の感触を味わうことが大切です。

水に近づいて水と仲よし

自分の頭の上から落ちてくる「水」や、「水面」に、子どもたちが楽しみながら無理なく近づいていくことができる遊びです。

プールでサラダごっこ

サラダになるとなぜか水が怖くないね

準備 カラー標識（赤、白各1本）

1 子どもたちはプールの壁に背中をつけます。
保育者「今日は、プールでサラダを作りたいと思います。みんなどんなお野菜になりたい？　自分の好きなお野菜に変身してみよう」

子どもたちは自分の好きな野菜を決めます。

2 保育者は「じゃあ、みんなのおいしそうなサラダにマヨネーズをかけます。いいかな？」と声をかけ、カラー標識（白）に水をいっぱい入れて、胸の高さくらいから少しずつ水を流します。子どもたちは集まって手をかざし、上から落ちてくる水を触ります。

3 次は赤色のカラー標識をケチャップに見たてて、同様に水をかける。

遊びのアドバイス

・子どもの顔に直接水をかけないように気をつけましょう。
・カラー標識がなければバケツやタライでもOK。

発達Point!

興味・関心
おもしろそう、やってみよう、という意欲が出てきます。

スキルアップ解説

自分から動いてみる

「水」に対して、言われてするのではなく、みずから「近づいてみよう」「触れてみよう」と思って水にかかわろうとする行為に意味があります。

トンネルごっこ

しぜんと顔が水面に近づくよ

準備　フープ、ロープ、ベンチ　など

保育者はプールの壁に両手をついてトンネルを作り、子どもたちは電車になってつながります。保育者「シュッシュッ」子どもたち「ポッポッ」の掛け声を交わしながらトンネルをくぐり、グルグル回ります。

慣れてきたら手を離し、それぞれのペースで回りましょう。

遊びのアドバイス

・遊びを進める保育者と、常に全体を見渡しながら子どもたちのようすを観察している保育者がいるようにしましょう。
・プールの広さや、水の深さなどに合わせて、トンネルの作り方を工夫しましょう。

発達Point!

みんないっしょ

集団のチカラをきっかけに、水への意欲が引き出されます。

バリエーション

フープのトンネル

フープの中をくぐります。

ベンチのトンネル

ベンチを組み合わせて作ったトンネルをくぐります。

ロープのトンネル

ロープを張って作ったトンネルをくぐります。

スキルアップ解説

いっしょだから だいじょうぶ

「みんないっしょ」という、集団のエネルギーに後押しされて、みずから「水」にかかわろうとする気持ちが芽生えます。

水に浮かべて遊ぼう

水に親しむのにとてもよい時期。プールやタライに浮かぶたくさんの玩具を、すくったり取ったりして遊びましょう。

カラフル金魚すくい

いろいろな色がかわいいね

準備

魚の形のしょう油入れ、色水、ぬれても取れない接着剤（色水をしょう油入れに入れ、接着剤を塗ってからフタをし、外れないようにする。）スコップ、カップ、ひしゃく

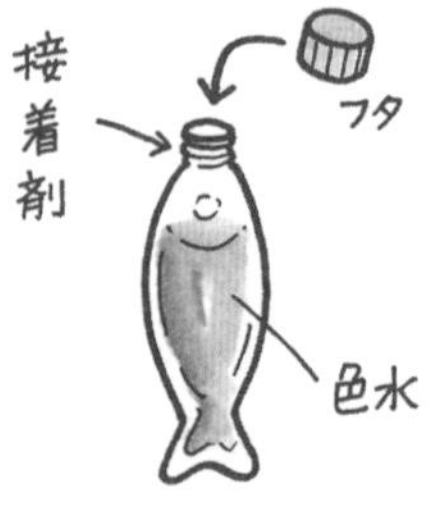

しょう油入れをたくさん水に浮かべて金魚に見たてます。スコップやカップですくって遊びましょう。

発達Point!

色への興味

「これなに？」という問いかけは、色への興味が出てきた証拠です。

遊びのアドバイス

・1歳児にとって「すくう」ことは難しいですが、本格的な網ではなく、スコップやカップを使うと簡単に楽しめますよ。

スキルアップ解説

色へのこだわり

徐々に色に対する興味が出てきます。好きな色があったり、この色じゃないとだめ、という強いこだわりが出てきたりします。実際の色と色の名前が一致できるようになると、色遊びの楽しさが増します。

にんげん噴水！

少しくらいぬれてもへっちゃらさ

準備

ジョウロ（できればゾウなどのかわいいもの）

保育者はジョウロの口から息を吹いて勢いよく水を飛ばし、子どもがそれを触って遊びます。

発達Point!

水に慣れる

楽しんでいる他児のようすは、意欲を引き出します。

遊びのアドバイス

・顔に水がかかるといやがる子でも、ゾウの口から出てくる水には楽しそうに近づいてきますよ。

スキルアップ解説

水を楽しむ

たくさん息を吸い込んでからジョウロを吹くと、きれいなアーチができます。子どもはそれにつられて近寄り、知らず知らずに水にぬれていても遊べます。水が苦手な子でも、楽しそうに遊んでいる子のようすを遠目から見ていることがあります。「どれどれ？」と少しでも遊びに近づいてこれるような配慮をしてあげましょう。急に顔にかからなければ、遊びが持続できます。

じっくりあそび

1歳

のびのびプール、ワクワクプール

保育者や水や玩具と楽しくふれあいながら、友達ともふれあい、水の中での遊びの世界を広げます。

シャワーごっこ

水がかかって気持ち良いね

準備
底や側面に穴をあけた牛乳パック、物干しざお、ホース、ひしゃく・スコップ・小さめのバケツ・ペットボトル　など

ビニールプールの上で棒に牛乳パックをぶら下げます。ホースで水を入れると、穴からシャワーのように水が出てくるので、子どもたちは、上から降ってくる水を楽しみます。

発展

水がかかることに慣れてきたら、棒を下げて、子どもたちが水をくんで牛乳パックに入れられるようにします。

遊びのアドバイス

・水がかかるのをいやがる子には無理はさせず、初めは保育者といっしょに、お友達がやっているのを見るだけでもよいでしょう。

発達Point!

自立の芽生え

「ジブンデ」という気持ちの芽生えが大切です。

スキルアップ解説

意欲を受け止める

遊びの世界が広がってくるのと同時に、徐々にみずから環境にかかわろうとする意欲が高まってきます。そのような気持ちを保育者はありのままに受け止めてあげることが大切です。

水でボール飛ばし

水ってすごいなぁ

準備
カラーボールなど、ホース

保育者は少し勢いよくホースの水を出しておきます。子どもはそのホースの先にカラーボールなどを持っていき、そっと手を放します。ボールが水の勢いに乗って飛んでいくことを楽しみましょう。

ボールを拾って同じように繰り返す。

遊びのアドバイス

・初めは保育者がやっているのを何度か見せながら、興味を持てるような誘いかけをしましょう。

発達Point!

満足感

「できた！」が、「またやりたい！」へつながります。

スキルアップ解説

次の意欲へつなげる

自分で「できた」ことが保育者に認められ、満足感を味わうことで、「またやってみよう」という意欲へとつながります。ひとつひとつの子どもの意欲的な活動を受け止めることが大切です。

先生とふれあい遊び 水とふれあい遊び

よちよちタイプのあそび

0歳

保育者とのかかわりの中で、プールでもいろいろな遊びに興味を持ち、見て、触れて、全身で水にかかわる子どもたち。自分なりの遊び方に夢中になり、じっくりと遊び込める遊びを紹介します。

プールで先生とふれあい遊び

先生といっしょだから安心だね

初めにそっと体に水をかけてあげます。

シーソー

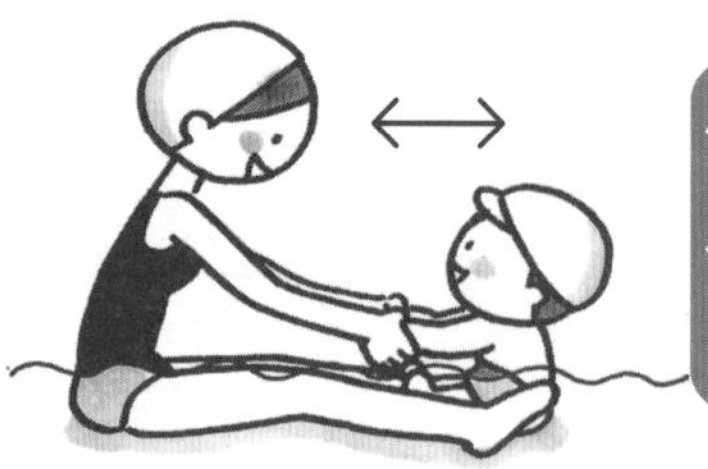

向かい合って座って両手をつなぎ、シーソー。

またぐ

手をつないだまま保育者の足をまたぐ。

トンネル

手でつくったトンネルをくぐる（ハイハイでもよい）。

高い高い

「高い高い」をしてゆっくり水の中に下ろす。

発達Point!

水の中も楽しい

遊びの広がりは興味の広がりにつながります。

遊びのアドバイス

・しっかりと子どもと目を合わせて、できるだけ手はつなぐようにし、滑って転倒しないように気をつけましょう。

・水の深さは、子どもが立った状態でひざより下くらいがよいでしょう。

スキルアップ解説

興味の広がりを見守る

よちよち歩きが可能な子どもは、保育者に支えられ、見守られながら、徐々に遊びが広がっていきます。それに伴って、さまざまな物や人に対する興味・関心も少しずつ膨らんでいきます。

いろんなもの流しちゃおう

水の流れって不思議だね

準備

塩ビパイプ（半分に切り、端はビニールテープをはってカバーする／ホームセンターなどで購入可）、ホース、スーパーボール・カラーボール・水に浮く玩具　など

塩ビパイプをビニールプールの外から斜めに置き、ホースで水を流します。子どもは、いろいろな玩具を流しそうめんのように流して楽しみます。

発達Point!

繰り返す楽しさ

みずから繰り返そうと思えることが大切です。

プールの中に浮いている玩具を拾って、繰り返す。

※子どもたちがパイプをなめたりしないように、注意しましょう。

遊びのアドバイス

・塩ビパイプがなければ、牛乳パックなどを切ってつなげたものでもよいでしょう。

スキルアップ解説

繰り返したくなる環境づくり

楽しいことは何度もしたい、何度も繰り返せるから楽しい、というこの年齢の子どもたち。自発的に繰り返そうとする環境づくりが大切です。

ごろごろタイプのあそび

0歳

ぬれる感触を楽しもう

ゴロゴロしている子どもたちを一斉にプールに入れるのは至難の業。ひとりずつしか入れてあげられないのが現状です。そんなときに、お部屋でもOKな簡単水遊びはいかがでしょうか。

ぺんぺん水遊び

ぺんぺんたたくと…

準備 ビニールシート、スポンジまたは清潔なタオル

子どもはぬれてもいい服装にして、シートを広げた上にうつぶせにします。スポンジやタオルを、水またはぬるま湯でぬらしてシートに置き、手でたたきながら遊びます。

スポンジは絞りすぎないように注意しましょう。

発達Point!

感触を楽しむ

たたくことによって水がはじく感触を楽しみます。

遊びのアドバイス

・スポンジやタオルは手が届く位置に置いてあげましょう。
・たたくと水しぶきが上がるくらいのぬれぐあいがいいでしょう。
・大きめのシートを準備しておくと室内でもできるので、天気が微妙なときでも遊べますよ。

スキルアップ解説

「動きたい」を引き出す

ゴロゴロからハイハイに変化してくるこのころ、スポンジやタオルをいろいろな場所に置いてくと、それに向かってずりずりとはって行ったり、動こうとしたりします。興味を引く目標物があると、「動きたい」という意識がかなり高まるのです。

にぎにぎ風船

なんだか変な感触だ

準備 水風船（いろいろな大きさに作る）

水風船を子どもの周りに置き、握ったり、たたいたり、かんだりして遊びます。

発達Point!

新しい感触を知る

今まで触れたことが無い感触を楽しみます。

遊びのアドバイス

・ぎゅっと握ったり、かんだりしても、0歳児の子どもの力では割れることはほとんどありません。突然割れるのを避けるためには、風船を2枚重ねて水を入れると、よりがんじょうになります。

スキルアップ解説

捕まえるのが楽しい

近くにゆるやかな坂を作って、そこからコロコロと転がすと、一生懸命目で追っかけたり、捕まえにいこうとしたりして体を動かします。そのままでも十分に楽しめますが、「転がす」というアクセントをつけてもおもしろいです。

ちょこっとコラムで
じっくり理解！

遊びの
からくり
コラム
4

プール遊びは3つのタイムを柱に

1、『自由タイム（自由遊び）』一斉にプールに入ると、いきなり潜ったり、ワニさんになったり、ただ体を低くかがめて歩いたりする子もいます。自分のしたいことを試しているのです。「せんせい、みて、みて～」とあちこちから子どもたちの訴えが届きます。「自己表現の機会」「自己課題の発見と試行の時間」、そして、保育者はそんな姿に共感することが指導性だととらえましょう。

2、『集団遊びタイム』〔P.52～59〕にあるように、みんないっしょだから愉しいと感じられるように保育者が工夫して活動を提供する時間です。水の中という“遊び環境”でのふれあい遊びととらえてよいでしょう。

3、『泳ぎに向けてタイム』初めは5分間くらいでよいと思いますが、5歳児ではプール遊びの後半になると子どもたちの欲求としてこの時間が長くなる傾向があります。ロケットになったり、飛び込んで潜ったり、列になったりして泳ぎます。得意な子どもはどんどんバタ足で進みますが、不得意でワニさんのまま進んでいても、その子なりに懸命にチャレンジしようという気持ちになることが大切で、それぞれの姿を認めてください。

上記、「3つのタイム」には優位はなくて、それぞれ同じくらい大事な取り組みです。「3つのタイム」をバランスよく、取り入れるように心がけてください。

8月のテーマ

かかわる力をはぐくむ 異年齢児ふれあい遊び

じっくりあそび
- 用具使用
- 基礎運動能力の向上にも配慮したゲーム性のあるものなど!

ちょこっとあそび
- 準備ゼロ!
- 時間が空いたとき、お集まりなどに最適

子どもの姿

3 1
4 2
今日はお兄ちゃんお姉ちゃんのお部屋に遊びに行くよー!!
いっぱいあそぼ♪
ワクワク…
こんにちはー♪…って
あれっ?!
ひよこ組さん
こんにちはー
5歳児さんたち
クラスではあんなにやんちゃな子も…
ドキドキ…
…
ばあ
あそぼー
みてみてー
キョロキョロ
ブロックすき?
…
ひよこ組に戻ると…
き、気疲れしている…!!
ふうー
年齢を超えてみんなで楽しめる遊びがあったら!!!
そんなときは
おまかせ!!

みんなが知ってる
歌や動きに合わせて遊ぼう

みんながよく知っている「歌」や「簡単な動き」を楽しみます。
年齢を問わず楽しめる遊びです。

すぐ あそべるよ

輪になってひげじいさん

みんなの顔が見えると、楽しいね

展開1

異年齢で5人くらいのグループをつくって輪になって座り、保育者のリードに合わせながら、♪『とんとんとんとんひげじいさん』※の手遊びをします。

♪とんとん
とんとん

発達Point!

模倣

年上の子どもの動きを見て学びます。

遊びのアドバイス

・保育者のリズムやテンポに合わせて、みんなで合わせるようにしましょう。
・年齢の低い子どもに合わせて「ゆっくり」と、「間合い」を取りながら行ないましょう。

展開2

アレンジを加えて楽しみます。

♪「ひげじいさん　ビヨーン」

ビヨーン!!

手をグーにして前にビヨーンと伸ばす。

♪「こぶじいさん　ベチャ」

ベチャ!

両手をパーにしてほっぺたにくっつける。

てんぐさん
ビヨ〜ン

めがねさん
ベチャ!

あかおにさん
ビヨ〜ン

スキルアップ解説

異年齢の子を知る

子ども同士が歌や動きをいっしょに合わせることで、それぞれの年齢の子どもの特徴が現れます。異年齢の子を知る「きっかけ」となります。

※『とんとんとんとんひげじいさん』作詞／不詳、作曲／玉山英光

幸せならいろいろふれあってみよう！

歌に合わせて動くことで、年齢に関係なくみんなで楽しめる

展開1

♪『幸せなら手をたたこう』※を歌いながら遊びます。

♪幸せなら手をたたこう（拍手２回）
幸せなら手をたたこう（拍手２回）
幸せなら態度でしめそうよ
ほらみんなで手をたたこう（拍手２回）

展開2

次は、「手をたたこう」の部分の歌詞と動作を変えて楽しみます。

1 「足ならそう」

足踏み2回。

2 「肩たたこう」

だれかの肩を2回たたく。

3 「とび上がろう」

その場で2回ジャンプ。

4 「タッチしよう」

だれかとタッチする。

5 「握手しよう」

だれかと握手する。

6 「ハグしちゃおう」

だれかとハグする。

ひととおり終わったら、「手をたたこう」の後に今までの動作を続けて行ないます。

例 ♪幸せなら手をたたこう（拍手2回）→（足踏み2回）→（肩たたき2回）→（ジャンプ2回）→（タッチ）→（握手）→（ハグ）

発達Point!
言葉
伝えたいことが伝わる喜びを感じます。

遊びのアドバイス

・タッチや握手などは、すぐに相手が見つからないことがありますが、何度か繰り返して子どもたちのようすを見守りましょう。
・どうしても相手が見つけられない子がいたら、あらかじめふたり組になり、手をつないだ状態にしてあげましょう。

スキルアップ解説

言葉で伝える
年齢の低い子どもたちは、自分の意思や気持ちを「言葉」にすることが可能になることで、遊びの楽しさや友達とかかわりあって遊ぶおもしろさがわかるようになります。

※『幸せなら手をたたこう』作詞／木村利人、アメリカ民謡

さいたさいたいろんなチューリップ

色や大きさをみんなでイメージしよう

展開1

❶ まずは、みんなで♪『チューリップ』※を歌います。

❷ 次に、「あか」「しろ」「きいろ」のうち、子どもたちが自分の好きな色をひとつ決めて、同じ色の子ども同士で手をつないで円になって座ります。

❸ 手をつないだまま、♪「さいた　さいた…」で横に揺れ、「あか　しろ　きいろ」のときに「あか」で赤のグループ、「しろ」で白のグループ、「きいろ」で黄色のグループが立ちます。

発達Point!

イメージの共有
みんなとイメージが共有できるから楽しめます。

❹ ♪「どのはなみても」で手をつないだまま、前に集まり、「きれいだな」で後ろに広がって、両手を上げてキラキラ。

展開2

「あか」「しろ」「きいろ」の部分を「大きい」「中くらい」「小さい」に替えて遊びます。それぞれ自分の好きな大きさを決めて、同様に行ないましょう。

遊びのアドバイス

・好きな「色」が、決まっていない子や自分で決められない子がいないか、確認してあげましょう。
・色別・大きさ別のカードを見せながら進めるとわかりやすいですよ。

スキルアップ解説

イメージの共有が楽しみに

「色」や「大きさ」などは、それぞれ自分なりのイメージを持っていますが、それを子ども同士で共有することで、より「楽しみ」や「おもしろさ」が膨らみます。

※『チューリップ』作詞／近藤宮子、作曲／井上武士

アルプス相談ジャンケン

異年齢だとジャンケンも楽しめるね

展開1

♪『アルプス一万尺』※の替え歌をうたいながら、体を使ったジャンケンの動きを楽しみます。

♪「まーえにすすんでうしろにさがって　ぐるりとまわってジャンケンポン!」で、グーチョキパーのいずれかを出します。

展開2

❶ 次は異年齢でグループをつくり(2~5人程度)、グループで相談して何を出すか決め、保育者対グループで『アルプス相談ジャンケン』をします。

❷ ♪「ランラララ　ラララ…」の部分で、勝ったグループは手をつないでスキップ。負けたら手をつないでしゃがむ。あいこだったら手をつないでケンケン。

発達Point!

概念

「勝ち」「負け」「あいこ」を認識します。

遊びのアドバイス

・初めに体を使った「グー」「チョキ」「パー」の出し方を説明し、ジャンケンだけをやってみましょう。
・相談しているときは、できるだけ子どもたちで決められるように見守りましょう。
・保育者は同じポーズを出し続けましょう。

ジャンケンから同様に繰り返す。

スキルアップ解説

ジャンケンを伝え合う姿

ジャンケンが理解できて使いこなせるようになるのは、おおむね4歳ごろからといわれています。しかし、異年齢の小集団ですることで、伝え合いの場面が生まれ、「理解」に至らなくても、そのやりとりを楽しむことはできます。また、動きと言葉を伴うことでジャンケンの「概念」が確かなものへと変わっていきます。

※『アルプス一万尺』作詞/不詳、アメリカ民謡

“一定のルール”から

異年齢ならではのやりとりが生まれる遊び

いっぱいあそぼう

同年齢でも楽しめるゲームを、あえて異年齢でやってみると、さまざまな姿やかかわり合いが生まれます。

段ボール組み立て競争

異年齢で、速く・規則正しく・積み上げる!

準備

段ボール4個(それぞれ①②③④と数字を描く)ふた組、マット(4枚)、イス など

●2・3・4・5歳児がそれぞれひとりずつの1グループをつくる。

●片方のマットの上に、段ボールを上から①～④の順で積んでおく。

「よーいドン」で、段ボールを倒し、ひとり1個ずつ段ボールを持って、もうひとつのマットの上に、上から①②③④の順番になるように段ボールを積み重ねます。

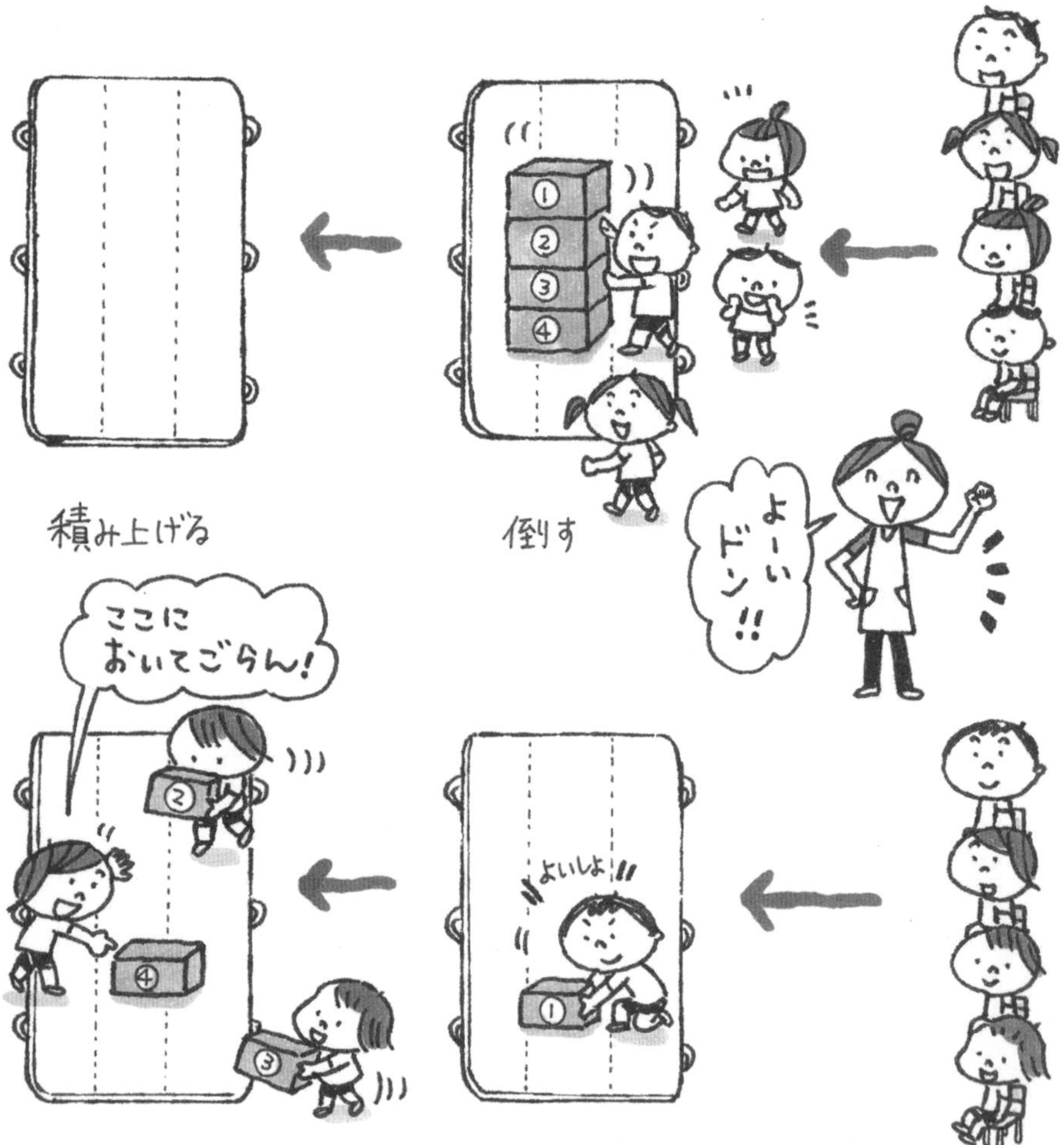
積み上げる
倒す
よーいドン!!
ここにおいてごらん!
よいしょ

どちらが速く規則正しく段ボールを組み立てることができるかを競う。

発達Point!

協同性

みんなでできた!という楽しさを味わいます。

遊びのアドバイス

・スタートする場所にはイスやベンチなどを置いて、待機しましょう。

・子ども同士のやりとりには、口を挟まないようにしましょう。

・完成するのに時間がかかったグループも、がんばったことを認めてあげましょう。

スキルアップ解説

「ひとりでもできる」につながる

子ども同士で教え合ったり、助けてもらったり、その場で見て学んだりする経験はとても大切です。みんなでできたことは、「明日にはひとりでもできるかも!」という可能性も秘めているのです。

Go&Stopで仲間集め

みんなで動くから、みんなで集まるから楽しい!

展開1

❶ 保育者が中心に立ち、子どもたちはその周りを左回りで回ります(4・5歳児はスキップ、2・3歳児はギャロップ　など)。

❷ 「ストップ」の合図でその場で止まり、「スタート」でまた動きます。

展開2

「ストップ」のときに、動作をプラスして、同様に進めます。

いろんなポーズ

体でさまざまな形をつくり、みんなで5秒数える。(全員同じポーズ)

ぴったんこ

だれとでも何人でもいいから、いろいろな体の部分を「ぴったんこ」でくっつける(手、しり、おでこ　など)。集まった仲間で座って手をつないで「シーソー」し、「なべなべ底抜け」をする。

またバラバラになって保育者の周りを回る。繰り返し。

発達Point!

自我と自制心

それぞれの子どもにテーマがあります。

遊びのアドバイス

- 集まるときには、必ず「ひとりぼっち」の子をつくらないようにすることを伝えましょう。
- めりはりを意識しながら、動く部分は「短めに」、止まってポーズや仲間集めの部分は「じっくり長めに」進めていきましょう。

スキルアップ解説

気持ちや葛藤を受け止める

年齢だけでなく経験や習熟度によって子どもはひとりひとり違います。その子の「自分はこうしたい!」という気持ちと、逆に「みんなに合わせてこうしなきゃ!」という気持ちを、しっかりと受け止めてあげましょう。

イスを使ったゲーム

同じルールでも異年齢だといろいろなことが感じられるね！

準備

イス（人数分）　円形に内向きで置く。

展開1

ピアノに合わせてサークルの中をランダムにお散歩し、ストップの合図でイスに座ります。

繰り返す。

展開2

イスをふたつくっつけて置きます。同じようにピアノに合わせて動いて、ストップで座り、隣に座った相手と「あくしゅ、あくしゅ、あくしゅでこんにちは」と言ってあいさつをします。

お散歩→座る→ふたりで「あくしゅ、あくしゅ…」を繰り返す。

発達Point!

どこに座る？

葛藤は育ちの栄養素になります。

展開3

ふたつセットにしたイスのひとつを取ります。同じ要領でお散歩し、ストップの合図でイスに座りますが、座れなかった子は友達のひざの上に座ります。

繰り返す。

遊びのアドバイス

・場所を選んだり、決めたりする姿を温かく見守りながら、ひとつの展開を「繰り返す」ことを意識しましょう。繰り返すことで、子ども同士のやりとりも習熟してくるはずです。

スキルアップ解説

「不安」も心の育ちに重要

他人の行動やふるまいをじっくり見たり、同時にいろいろな仲間から見られたりすることで、みんなの中の自分をより強く認識します。うまくいったりいかなかったり、不安になったり安心したり、このような葛藤の繰り返しが、人の気持ちを理解したり共感したりできる心をはぐくみます。

異年齢でレスキュー遊び

体の大きさや重さの違いを実感できるね

準備 フープ（5個程度）　各年齢の子が均等になるようにふたつのグループに分ける。

1グループは寝転びます（うつぶせ、あおむけどちらでもよい）。もう1グループは、寝ている子たちの手を持って、ひとりずつ運びます。何人で引っ張ってもOK。年齢の低い子どもたちはフープを持って助けに行き、全員運び終えたら終了、交替して繰り返します。

発達Point!

原体験

触れる（引っ張る）ことを経験します。

遊びのアドバイス

・異年齢、同年齢とのかかわりから、さまざまな子ども同士の「接点」が見られます。じっくりと観察しましょう。
・よほど危険な場合を除いては、子どもたちだけでやり切れるように見守りましょう。

スキルアップ解説

体験の積み重ね

幼児期は多くの「原体験」を積み重ねることが大切です。異年齢遊びでは、同年齢では味わえない、「体の大きい・小さい」、「重たい・軽い」などの「体格」の違いをダイレクトに感じることができます。このような体験を通して、子どもたちの心はたくましく豊かに育ちます。

ちょこっとあそび 1歳

キャッチ遊び

すぐあそべるよ

見たものに対して、体がすぐに反応できるようになってくるこの時期。反射をうまく刺激できる遊びを取り入れてあげましょう。

ぽっとん キャッチ

じょうずに受け止められるかな

準備 ビーチボール・風船 など（少し大きめのもの）

子どもは座って両手を広げます。そこに上から「3、2、1、0!!」でビーチボールなどを落として、キャッチさせます。

発達Point!
目と手の連動
合図と共に落ちてくるボールを、目で追いながら手も反応させて捕まえます。

遊びのアドバイス
・キャッチできることに夢中になりますので、フェイントは必要ありません。できるだけキャッチできるように落としてあげましょう。

スキルアップ解説
タイミングを見て
落とすタイミングがキーポイントです。カウントダウンや「せーの」など、子どもたちがわかりやすい合図にしてあげるといいでしょう。
また、ボールの大きさを変えることにより難易度が変わります。できぐあいによって、変化させるのもおもしろいでしょう。

ハンカチ キャッチ!

いち、にのキャッチ!

準備 ハンカチ

保育者は手のひらを上に向け、その上にハンカチを乗せます。「1・2のキャッチ」の合図でハンカチの端を子どもに引っ張らせて、保育者はすり抜けないようにぎゅっと握ります。

発達Point!
条件反射
条件反射の刺激により、脳の動きが活発になります。

子どもは握られないように急いで引っ張る。

遊びのアドバイス
・「すごいなぁ～」とおおげさに褒めてあげるといいでしょう。
・じょうずにできてきたら、「交代してみようか?」と役割を交代してみます。

スキルアップ解説
演じ方も大切
保育者は、合図よりワンテンポ遅めに動いてあげると、子どもたちは「できた!」と思えます。その辺りのタイミング、演じ方が大切で、より子どもたちの楽しさに刺激を与えることができるのです。また、朝などの少し動きが鈍いときに活用すると、しっかり脳が目覚めますよ。

いろいろな人とスキンシップ

夏期保育中は、クラスの友達以外の子ともふれあえるチャンスです。子どもたちは少し年上のお兄ちゃんお姉ちゃんのすることに興味津々で、とてもよく見ています。

はい、どうぞ

カゴいっぱいになるかな?

準備 カゴ、玩具（パフリングやお手玉など握りやすいもの）

1. 保育室に玩具を広げ、まずはお兄ちゃんお姉ちゃんが見本になってカゴに玩具を入れていきます。
2. カゴいっぱいになったら、また広げ、今度はお兄ちゃんお姉ちゃんがカゴを持って1歳児についていき、1歳児が玩具を入れていきます。

このなかにいれてね〜

発達Point!
動機づけ
人とかかわることにより、ひとりでするよりいっそう遊びが楽しめます。

遊びのアドバイス
・カゴにたまっていく楽しさも味わえるように、カゴは大きすぎないものに。
・遊びが理解できたら、いっしょにカゴを持って入れたり、カゴのあるところまで戻ってきて入れたりと、いろいろなかかわり方で楽しみましょう。

スキルアップ解説
お兄ちゃんお姉ちゃんと遊ぶ
「拾って入れる」という単純な動きでも、いっしょにする人が違うと、感じ方も違います。ふだんはまだまだひとり遊びが多いと思いますが、異年齢の子とかかわることで、ほかの子とかかわる楽しさを知るのです。

いっしょにサーキット遊び

お兄ちゃんお姉ちゃんがついているよ

準備 マット、はしご、大型積み木、巧技台　など

正方形上に遊具を置く。

サーキットを異年齢児といっしょに回ります。

坂道上がり
はしご
一本橋
山かけ登り

発達Point!
安心から自信へ
手伝ってもらいながらもできたことは、自信へとつながります。

遊びのアドバイス
・4・5歳児は山かけ登りなどはいっしょに登りますが、一本橋などは乗らず、手をつないだりして補助についてもらいましょう。

スキルアップ解説
その子に合わせて
怖がる子には手をつないで、少しできている子には、途中で待っていて後半に手をつないだり、ほぼできる子は、降り口で待っていてあげて、手をつないで降りる、というようにレベルに合わせてあげるといいでしょう。

ふれあい遊び

体を使って、ふれあい遊びに挑戦！　うまくできるかな？
初めはぐらぐらと不安定でも、慣れるとバランスを取って
うまく姿勢が保てるようになります。

ぐらぐら タッチ

先生といっしょだから安心だね

保育者は長座で座り、子どもと向かい合わせになります。わきに手を入れたまま、足の上に立たせます。

発達Point!
バランス感覚
不安定な場所で自分の体を保つ経験ができます。

遊びのアドバイス
・慣れないうちはへっぴり腰になりますが、回を重ねていくごとに、しっかりと立てるようになります。

スキルアップ解説
試しながら
初めは向かい合わせでわきに手を入れるのが原則ですが、できぐあいにより、手をつないでみたり、外向きに変えたりしてもいいでしょう。足の上という不安定さが、バランス感覚を養うのにちょうどよいのです。

あんな山 こんな山

どんどん、またいでいきましょう

保育者は足を広げて座ります。子どもと手をつなぎ、ひとつずつ足をまたがせます。今度は手を反対に持ち替えて、また足をまたいで戻ります。

行って帰ってを繰り返して遊ぶ。

発達Point!
バランス感覚
片足で全身を支えることで、片足でふんばる経験ができます。

遊びのアドバイス
・足をまたいだ後に、保育者の背中側をくるっと回って一周してもいいでしょう。運動量を多くとることができます。

スキルアップ解説
子どもに合わせて
保育者の足は、すねと太もも部分では幅が違います。簡単にできるのはすね側、少し難易度を上げるなら太もも側です。でも、本人のやる気が大切なので、その辺りを考慮しながら行なってみましょう。

目と目で通じ合う!!

子どものようすを見ながら、しっかりと目を合わせて遊びましょう。子どもの表情ひとつで「楽しんでいる」「少し怖がっている」などすぐにわかります。いちばん楽しめているポイントを保育者は早く察知してあげましょう。

でろ でろ でろ

口が動くのがおもしろい

あおむけにして、顔を見合わせて遊びます。「でろ　でろ　でろ」と言いながら舌を出したり引っ込めたりして子どもとまねっこ遊びを楽しみ、次に「せーの、フー」と言いながらおなかに顔を押し当て、くすぐります。

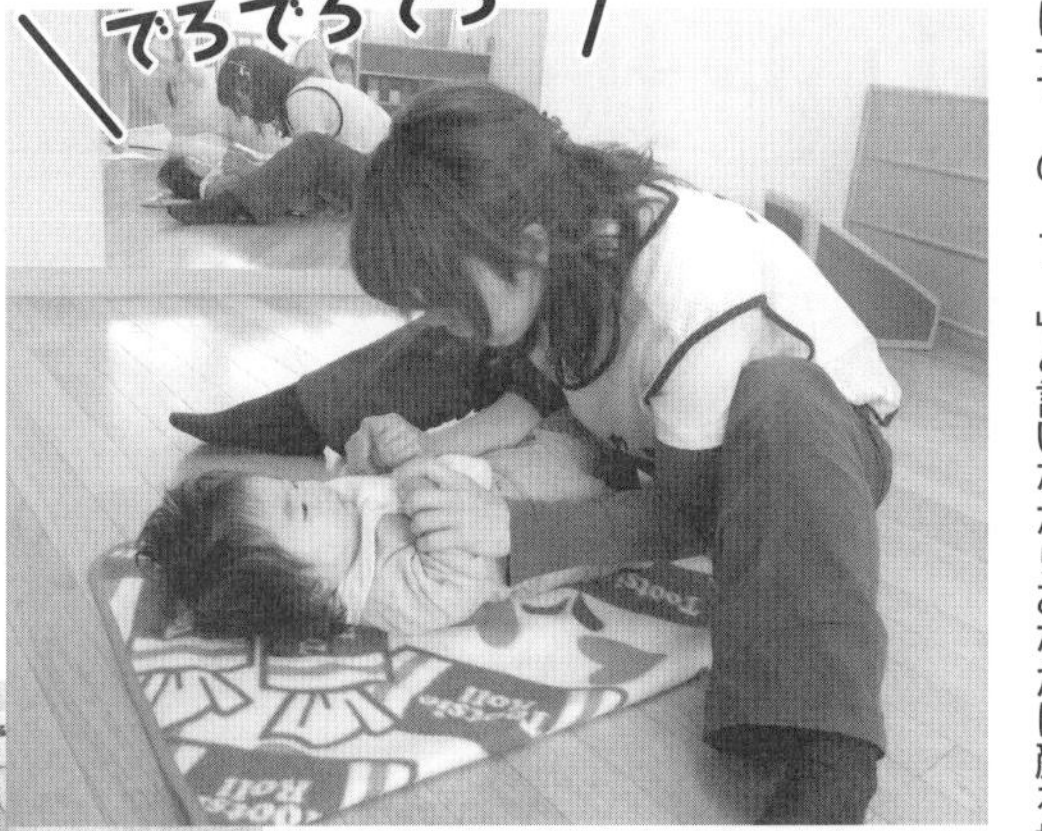

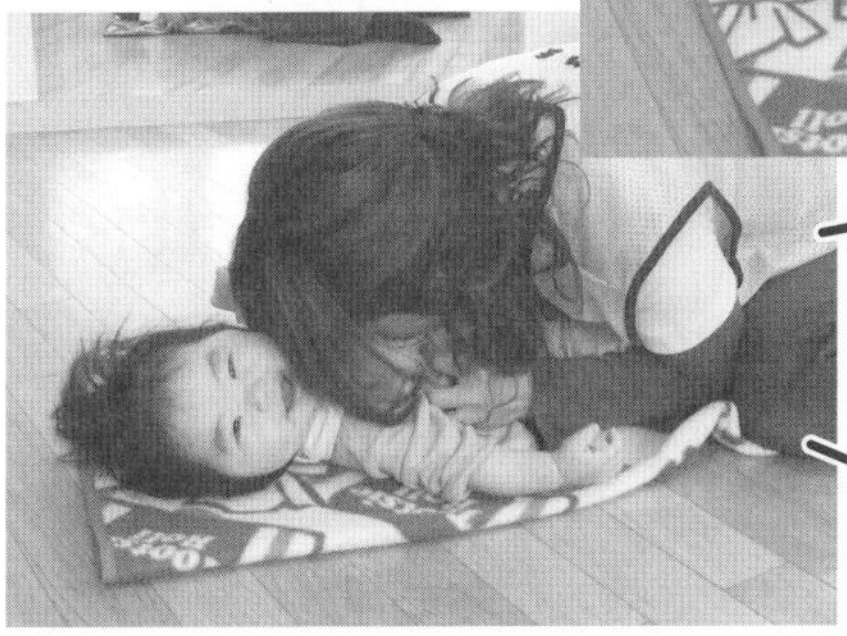

発達Point!

まねっこ遊び

見たものに対し、一生懸命まねをしようとします。

遊びのアドバイス

・「せーの、フー」の合図でくすぐられる、という期待感が楽しいのです。
・まねっこ遊びでは、口の動きを「ぱ」と大きく開けたり、「チュウ」と口先をとがらせたりしてアレンジしてもおもしろいでしょう。

スキルアップ解説

ゆっくり見せる

子どもたちはまねをしていることが楽しいのです。興味を引くものにはかなり反応するので、しっかりまねできるように、ゆっくり何度も行なってあげてください。

飛行機ブーン

空を飛んでいるみたい!

保育者はひざを立てて寝転びます。すねのあたりに子どもを乗せ、子どもの腕をつかみながら、足を上げたり下げたりして遊びます。

発達Point!

信頼感

信頼している人とならだいじょうぶ。

遊びのアドバイス

・特にわきの下から二の腕辺りをしっかり持ってあげると、安定します。しっかり腕を持ち、固定することで、子どもの不安も無くなるでしょう。

スキルアップ解説

信頼関係の積み重ね

子どもにとってヒヤッとするような動きでも、信頼している人とならできます。ふだんの生活でしっかりと信頼関係をつくっていることで有効になる遊びもあるのです。

ちょこっとコラムで
じっくり理解！

遊びのからくりコラム 5

乳児の活動は山と坂が基本

乳児は保育者の言葉による働きかけでは、なかなか動いてくれないものです。乳児自身が、自分の意思で体を動かせるような環境設定がどうしても必要になってきます。そのための方法としてもっとも適しているのが「山と坂」です。〔P.16〕〔P.19〕〔P.20〕にあるような設定をすると言葉による働きかけをしなくても子どもたちはドンドン山や坂を上り下りします。この時期はハイハイなどのほふく運動で腕の力や背筋を強くすることが必要だといわれていますが、**山や坂での動きは、ハイハイと同じかそれ以上の運動効果があり、しかも、より主体的に意欲的に取り組もうとします。**まさに環境を通した保育といえるでしょう。ハイハイを促す環境として、テーブルを置いたり、カラートンネルを用意したりすることがあります。しかし、実際、0歳児や月齢の低い1歳児の場合、怖がって中に入ろうとしなかったり、逆に中でくつろいでしまって出てこなかったりすることがあります。そんなとき、〔P.34〕にあるように、マットと机を使って“逆さまトンネル”を設定して、働きかけるとうまくいく傾向が見られます。

乳児期は月齢による身体発達が著しいときです。発達を促す活動として「山と坂」による運動を、できれば毎日、繰り返してほしいものです。

9月のテーマ

ひとりひとりの力を引き出す遊び

じ

じっくりあそび
- 用具使用
- 基礎運動能力の向上にも配慮したゲーム性のあるものなど!

ち

ちょこっとあそび
- 準備ゼロ!
- 時間が空いたとき、お集まりなどに最適

子どもの姿

来月は みーんな楽しみ♪♫ 運動会!!
入場
今日はリレーに初挑戦!!
いいぞー!
ひとりひとり自分の力が発揮できたら…
先生の妄想中…
ワーワー
ほわわ〜ん…
たくましくなって…
カンドーだわっ!
保護者たち
うふふ みんなカッコイイゾ…!!
ハイ! がんばりました!
まだまだ妄想中…
せんせー みんなおわったよ〜〜

そんなときは
おまかせ!!

カタチを作って力発揮

すぐ あそべるよ

「カタチ作り」というテーマによって、子ども同士のいろいろなやりとりを生み出すとともに、できたときの一体感を味わいます。

おふろ！ プール！ お池！

大きな○ 中くらいの○ 小さな○

準備

子どもたちと、合図と集まる人数を確認しておきましょう。

おふろ（2人）
お池（8人）
プール（4人）

1 保育者の「**おふろ**」の合図で、ふたりで向かい合って手をつないで座ります。

おふろ
ふたりだよ

2 『アルプス一万尺』※のメロディーで、♪「まーえにすすんで、うしろにさがって、ぐるりとまわって、**プール**」の合図で、4人で手をつなぎます。

♪まーえにすすんで
♪うしろにさがって
♪ぐるりとまわって
プール
4にん

♪「ランラララ ラララ…」のところは4人で手をつないだままスキップで回る。

3 4人で♪「まーえにすすんで…」を繰り返し、「**お池**」の合図で、8人で手をつないで円になります。

くっつこう!!
8にん

遊びのアドバイス

- 初めは**おふろ**（2人）→**プール**（4人）→**お池**（8人）の流れを変えないほうが、わかりやすいでしょう。
- 何度か繰り返して理解できてくれば**お池**→**おふろ**→**プール**→**おふろ**→**お池**など、順番を変えてみてもいいでしょう。

スキルアップ解説

数の理解へ

2人と2人がくっつけば4人に、4人と4人がくっつけば8人に、4人が半分になれば2人に、8人が半分になれば4人に、といった「配分」などの数の理解は、5歳前半ごろから見られ始めます。

発達Point!

数の概念

2倍になる？半分になる？数の概念を身につけます。

※『アルプス一万尺』作詞／不詳、アメリカ民謡

グループワーク　カタチ作り

友達と相談してカタチ作り

準備
カタチの種類と人数を決めておく。
はだしになる。

ヨット（2人）
すべり台（2人）
タワー（3人）
上の子は慣れてくれば立ってもよい。
おうぎ（3人）

1. 6人ひと組で手をつないで円になります。
保育者「でーきたできた」
子ども「なーにができた」（手をつないで回る）

な〜にができた
でーきた
できた

遊びのアドバイス
・まずは見本を見せて、一度カタチを作ってみましょう。
・カタチ作りのポイントは「目線」です。下を向かず、しっかり顔を上げるということを伝えましょう。

発達Point!
考える
動きとともに頭も働かせています。

2. 保育者は「おうぎがひとつと、タワーがひとつ」とカタチと数を言います。子どもたちは相談し合ってカタチを作り、自分たちで5秒数えます。

さんにんで
おうぎを つくろう!
おうぎがひとつ、
タワーがひとつ!!
ぼく うえが
いいな
だれが
まんなか?
じゃあ したに
なったらいいね

組み合わせを変えて楽しみましょう。　（例）「すべり台がひとつとヨットがふたつ」

スキルアップ解説

みずから考えられるように

「どうすればうまくカタチを作れるだろう？」ということを、まずはひとりひとりが「考える」ことが大切です。保育者は安全に気を配りながらも、子どもたちがみずから「考えられる」ようなかかわりを意識しましょう。

じっくりあそび 4・5歳

エンドレスで力発揮

いっぱいあそぼう

「短い時間」の中で「少人数」で「繰り返す(エンドレス)」ことで、子どもたちは主体性を持ちながら、意欲的に取り組むことができます。

マットでボール運び

ボールを落とさず運べるかな?

4人ひと組になり、マットにボールを1個乗せて運び、反対側のボールと交換して戻ります。

反対側に着いたら、一度マットを置いてボールを交換。
おっとっとっ
がんばれ〜!!
次の4人と交替。エンドレスで繰り返す。

発達Point!

仲間意識

力を合わせることで、気持ちがつながります。

準備

マット1枚、ボール2個(色違い)、カゴ1個 ×チーム数

4人ひと組(または6人ひと組)になり、各チーム3列に並ぶ。

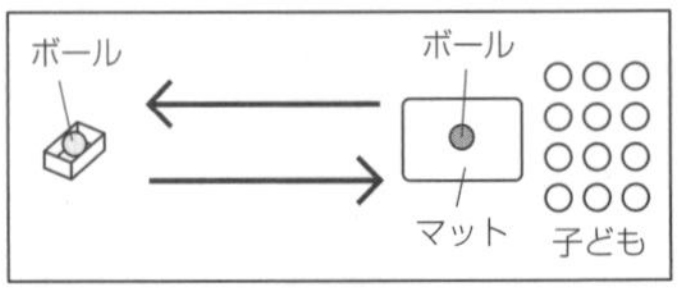
ボール
ボール
マット
子ども

遊びのアドバイス

・初めはボールを使わず、マットを持ってカラー標識などを回って帰ってくるだけでもいいでしょう。

・ボールの交換をだれが行なうか? 子どもたちのやりとりを見守りましょう。

スキルアップ解説

仲間の力を実感する

マットは4人以上で持たないと、うまく運べません。そのことを実際の仲間の動きを通して実感することで、仲間の存在を強く認識していきます。

バトンタッチエンドレスリレー

バトンタッチがたくさん経験できるね

準備

カラー標識2本、バトン（玉入れの玉・ペットボトル　など）×チーム数

4人ひと組で1列に並ぶ。

❶ 一方の端の子がカラー標識を走って回る。

❷ 列に戻ってバトンタッチ。順にバトンを送る。

❸ もう一方の端の子も同じようにカラー標識を回り、列に戻ってバトンタッチ。エンドレスで繰り返し。途中で端のふたりと間のふたりの順番を交替する。

発達Point!

経験量

コツをつかむための最大の要素は経験です。

スキルアップ解説

ひとつをたくさん経験する

子どもたちが失敗したり、不慣れだったりする原因の多くは「経験不足」が考えられます。待ち時間を少なくして、ひとつのことを「たくさん経験」することが、コツをつかむ近道となります。

遊びのアドバイス

・まずは、一連の流れをつかむまで繰り返しましょう。
・流れがつかめたら、バトンの渡し方や、もらい方について「どんなやり方がいいと思う？」と子どもたちに聞いてみましょう。

エンドレストラックリレー

トラックリレーをたくさん経験しよう

準備

フープまたはイス、バトン（玉入れの玉・ペットボトル　など）×チーム数

3人ひと組になり、トラックの円周上にそれぞれのチームのタッチゾーンを決める。

バトンを持っている子はトラックを1周走って自分の場所に戻ってきてバトンタッチ。次の子はフープ（イス）で待機しておき、バトンをもらったらスタート。

走り終えたら後ろに並び、エンドレスで繰り返す。

遊びのアドバイス

・トラック（円周）が大きくなりすぎないように気をつけましょう。

発達Point!

意欲の源

短い時間・少人数・エンドレスの要素が意欲を引き出します。

スキルアップ解説

意欲を引き出す3つのポイント

幼児期の特性を理解した内容として欠かせないキーワードは「短い時間」「少人数」「エンドレス」の3つです。この要素が、子どもの意欲を引き出す源となるのです。

すぐ あそべるよ

「よーいドン」でしっかり力発揮

「よーいドン」は、子どもたちの力を発揮させるための最高の合いことばです。「よーいドン」ひとつで、いろいろな遊びが楽しめます。

よーいドン! でポーズ

まずは「よーい」でがまん。いろいろなポーズをしてみよう

保育者の掛け声に合わせて、子どもたちがふた通りの動きをエンドレスで繰り返します。

どっか～ん

「よーい」でその場にしゃがみ、「どっか～ん」の合図で、その場で大きくジャンプ。

よーい…
どっか～ん!

べちゃっ

「よーい」でその場にしゃがみ、「べちゃっ」の合図で、その場でうつぶせになる。

よーい…
べちゃ

発達Point!

自制心の芽生え

「よーい」でがまん、ということが、自制心をはぐくみます。

遊びのアドバイス

・「よーい」の部分では、子どもたちと目を合わせながら、「次はどっちかな～」など期待感が膨らむような演出をしましょう。

スキルアップ解説

行動への自制

この年齢の子どもの多くは、「よーい」の合図で動き始めてしまいます。でも、何度も繰り返すうちに、少しずつ自分の行動に対して「自制心」が芽生え始めます。

ここからそこまで よーいドン！

短い距離だから何度もしたくなる

準備 全体を半分に分ける（帽子で色分け）。スタートライン・待機ラインを引く。

スタートラインと待機ラインに子どもたちを横に並ばせます。まず1列目が「よーいドン」の合図で壁に向かって走って行き、タッチしたら、待機ラインまで戻ります。次は2列目がスタートラインに並んでスタート。

エンドレスで繰り返す。

発達Point!

逆のことがわかる

「走る自分」「待つ自分」を意識します。

遊びのアドバイス

・壁までの距離は5ｍくらい（かなり短め）から始め、徐々に距離を伸ばしていきましょう。
・保育者は、全員の顔が見えるところで「よーいドン」の合図をしましょう。

スキルアップ解説

待つことも意識して

待っている子も走る子どもにつられて、ついて行ってしまうこともあります。そうならないように「待機ライン」を設定するのと同時に、個々の子どもの理解に努めましょう。

じっくりあそび

2・3歳

かかわり合って力発揮

「みんないっしょ」に走ったり、「ふたりでいっしょ」に物を運んだりと、遊びを共有していく中で、友達とかかわる力も芽生えてきます。

だんだん狭くなるよ〜

みんながマットに乗るにはどうしたらいい？

準備

マット４枚
中央にマットを４枚くっつけて置く。

❶ マットの周りを散歩して、保育者の「ストップ」の合図でマットに乗って座ります。

❷ 何度か繰り返しながら、徐々にマットを3枚→2枚と減らし、最終的には、立った状態なら全員が乗れるくらいの枚数まで減らします。

発達Point!

抵抗
不快感も受け入れられているか？　観察しましょう。

遊びのアドバイス

・同じマットの枚数で、何度か繰り返しましょう。
・小さなトラブルも大切な経験です。互いの主張をよく聞いてあげましょう。

スキルアップ解説

がまんも大切

「ジブンガ」といった前向きな自我を受け止めつつ、窮屈感や、やりにくさといった不快感(抵抗)を経験の中で乗り越えていけるように見守りましょう。

ふたりであれ取ってきて～

行きはひとり、帰りはふたり

準備
イス2脚、マット数枚、パフリングやフープ数個、カラー標識1本、カゴ1個
スタートの位置にイスをふたつ横に並べて置く。
パフリングまたはフープはカラー標識に掛けておく。

「よーいドン」で、イスに座ったふたり組がそれぞれカラー標識まで走り、パフリング（またはフープ）をふたりでいっしょに持って帰ってきます。

発達Point!
他者意識
相手を待つということが、他者の存在を意識させます。

持ち帰ったパフリングはカゴに入れ、次のふたりに交替。
次のパフリングは保育者が掛けておく。

遊びのアドバイス
・スタートから目的地点までの距離は短めにしましょう。
・走る距離よりも、ふたりのやりとりが大切です。

スキルアップ解説
待つことで他者を意識する
「よーいドン」で走ることで、行きはそれぞれがしっかり自己発揮します。先に着いた子が「相手を待つ」ということが、自分以外の仲間の存在を意識する経験となります。

玉入れ&玉取り

みんなで取るのも入れるのも楽しいね

準備
マット5枚、玉入れの玉たくさん、カゴ10個ほど
マットの前にカゴを5個くらい置き、玉をたくさん入れておく。

マットに全員座り、「よーいドン」でカゴから玉をひとり1個ずつ取り保育者が持っているカゴに入れます。玉がなくなるまでエンドレスで繰り返します。

玉を全部運び終えたら、次は１個ずつマットのそばのカゴに戻し、なくなるまで繰り返す。

発達Point!
満足感
成功体験が力発揮の素になります。

遊びのアドバイス
・保育者の持つカゴは、1か所につき5人程度が入れられる割合にして、カゴの高さは手を伸ばして背伸びをしたら届くくらいの高さにしましょう。
・カゴの「高さ」で興味づけするのではなく、カゴの「数を多く」することで意欲を高めましょう。

スキルアップ解説
満足感が自己肯定感に
自分の手によって玉をたくさんカゴに入れることができた！ という満足感（自己肯定感）が、さらなる意欲を生み出します。

ちょこっとあそび

すぐ あそべるよ

1歳

“楽しい”から持続する遊び

子どもたちの好奇心は、ますます旺盛になります。見るもの聞くもの何でも興味津々。そんな子どもたちとじっくり向き合って遊びましょう。

もぐもぐ ぱっくん

次は何かな?

準備
ハンカチ

ハンカチで食べ物の形を作ります(バナナ・ミカン・キャンディーなど)。♪『くいしんぼゴリラのうた』※を歌いながら、どんどん食べるふりを楽しみましょう。

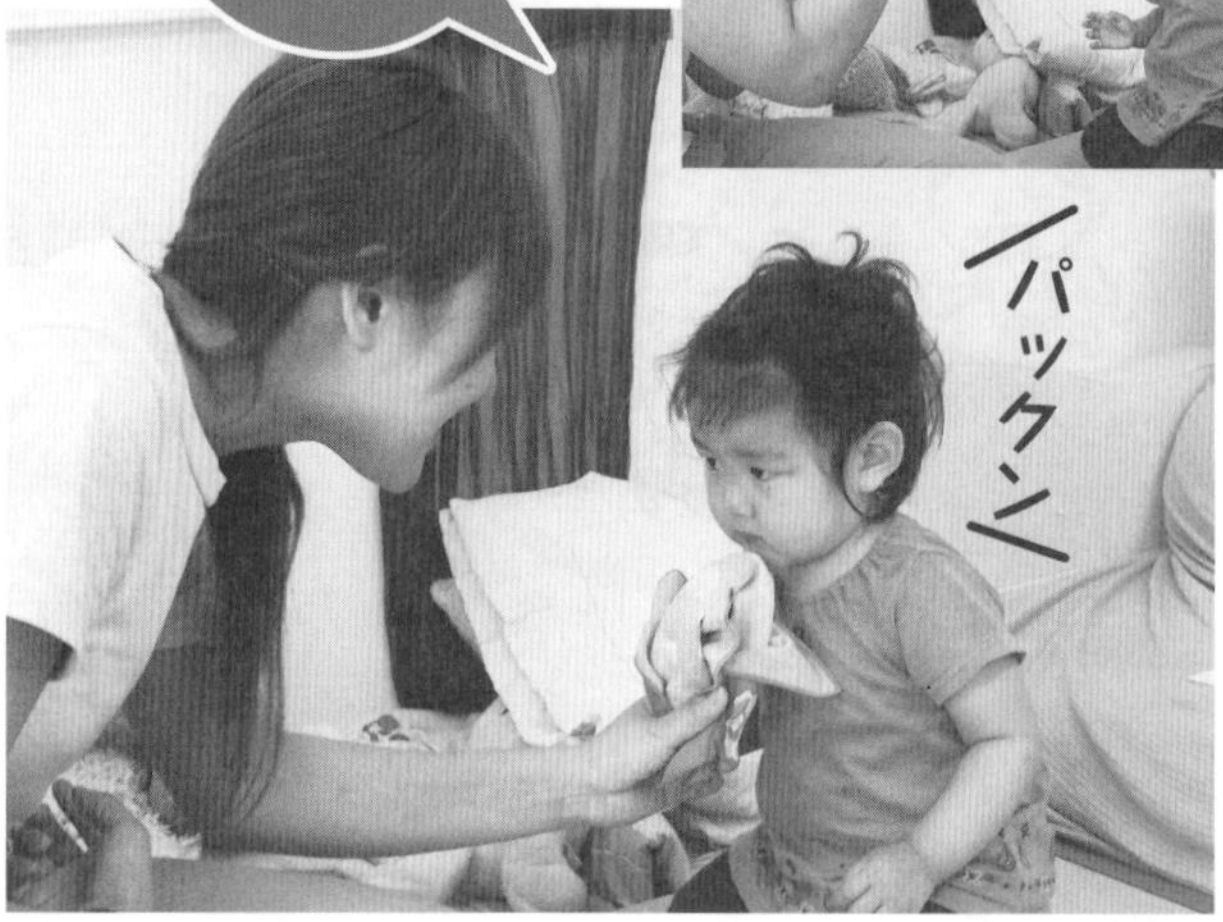

発達Point!
繰り返す
何度も繰り返すうちに、理解していきます。

遊びのアドバイス
・食べ物のアイディアをいろいろと考えておきましょう。
・子どもたちがイメージしやすい食べ物がいいでしょう。

スキルアップ解説

イメージを共有して楽しむ

みんなでイメージを共有できる〝見たて遊び〟です。何度も繰り返していくうちに、子どもたちは理解していきます。♪「くいしんぼなゴリラが……これ何?」と質問してもおもしろいでしょう。

※『くいしんぼゴリラのうた』　作詞／阿部直美　作曲／おざわたつゆき

ちちんぷいぷいの ぷい

どこにいったかな?

準備
ハンカチ、小さな玩具

手のひらに小さな玩具を乗せてその上にハンカチをかぶせ、「ちちんぷいぷいの ぷい」とおまじないをかけます。

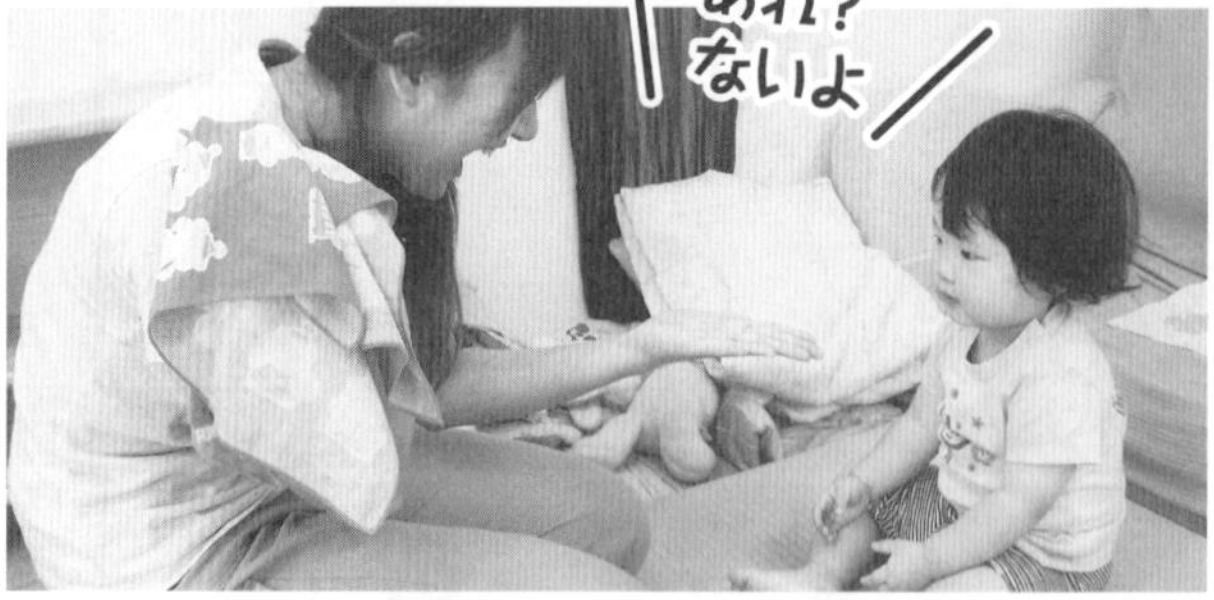

ハンカチを取るときに、いっしょに玩具も持ち上げる。

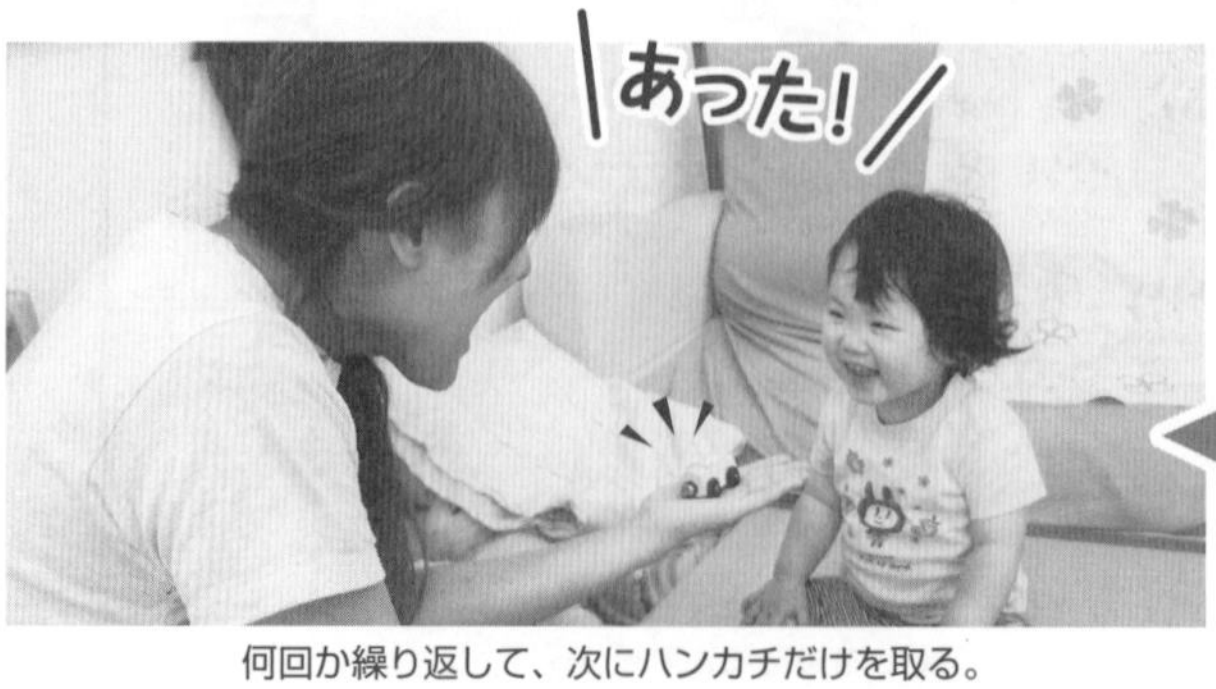

何回か繰り返して、次にハンカチだけを取る。

発達Point!!
探究心の芽
不思議に思うことから、探究心がくすぐられます。

遊びのアドバイス
・保育者がリアクションをオーバーにすると、子どもたちはどんどん興味を示していきます。

スキルアップ解説

じっくり見ることも大切

子どもたちは珍しい物を見ると、すぐに触りたくなります。でも、ここでちょっとガマンして、じっくり〝見る〟ということも大切です。保育者が「よく見て～」とうまく誘導してあげると、じっくり見ることができるのです。

しぜんと夢中になれる遊び

子どもたちが、見た瞬間にしぜんと近づいていくようなものが、1歳児の子どもたちにふさわしい遊びといえるでしょう。

大きな山を登って坂を下って

山と坂が何よりの魅力

準備
マット、巧技台、とび箱、とび板　など

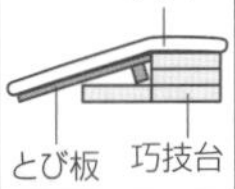

巧技台やとび箱にとび板を斜めに掛け、その上からマットを掛けて斜面を作り、登ったり下りたりします。

発達Point!
自己成長欲
みずからかかわろうとする姿が、自己成長欲の表れです。

スキルアップ解説
成長しようとする力
子どもは大きな山や斜面があると、そこへ引き寄せられるかのように登っていこうとします。これは、子どもたちの中に存在している「自己成長欲」の表れです。

遊びのアドバイス
・登り始めと下り終わりには保育者が補助につきましょう。

ボールを入れると出てきた〜

ボールの動きがおもしろいね

上からボールを入れて穴から転がり出てくることを楽しみます。

準備
段ボール、ボール
段ボールの中に斜面をつくる。

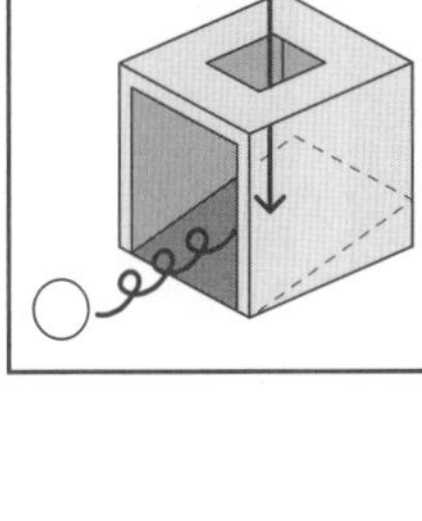

ボールを拾って上から入れて、繰り返す。

発達Point!
不思議から楽しみへ
「なんで?」→「わかった!」が「おもしろい!」につながります。

スキルアップ解説
わかると楽しみに
「上から入れたボールが横から出てくる」という原理が子どもたちにとっては不思議でしかたがないのです。遊びを繰り返し、経験を積み重ねていくうちに、それがわかり、今度は楽しみとなるので、何度も繰り返そうとします。

遊びのアドバイス
・ボールが勢いよく飛び出して、遠くへ転がっていくと追いかける意欲がなくなるので、段ボールの角度を調節しましょう。

座ったり立ったりする遊び

座ったままでもできる遊びや、立って移動したり背伸びしたりしたくなるような遊びを紹介します。

触れて、たたいて、引っ張って

上にあるもの捕まえた

準備
棒、ひも、洗濯バサミ、風船・パフリング・タオル　など

1 棒にひもで風船（なければビニール袋を膨らませたもの）をつるして、子どもたちは触れたりたたいたりして遊びます。

遊びのアドバイス
・ひとりひとりに合わせて高さを調節したり、保育者が手を添えて取れるようにしてあげたりしましょう。
・場合によっては抱っこしてあげて、「触れたり、取ったり」できるようにしましょう。

子どもが立って手を伸ばして届くくらいの高さにする。

2 次はパフリングを洗濯バサミで留めて、強めに引っ張れば取れるようにします。取れたら予備のパフリングを付けて繰り返します。

タオルに替えて、引っ張って取ることを楽しんでも。

発達Point!
捕まえる
物をつかむことは、成長に必要な動作です。

スキルアップ解説
満足感&自信につながる
自分の手で何かに触れることができる、捕まえることができる、という体験は「自分でできた！」という満足感と自信につながります。

あれ？　なんだろう？　たまごだ～！

何かな？　いきなり出てきた！

準備
ボール（カラーボールなど）、段ボール
ボール5～10個を段ボールに少しぎゅうぎゅうになるくらいに入れる。

段ボールの口を下にして床に置きます。「あれ？　この中に何が入っているのかな？」「トントントン」と段ボールをたたき…

「せーの」で持ち上げ、ボールを転がします。

発達Point!
好奇心
なんだろう？と思うことが大切です。

子どもがボールを追いかけて捕まえて段ボールに入れ、最初から繰り返す。

スキルアップ解説
好奇心の芽生え
言葉ではまだ十分に感情を表せませんが、物や道具を介して保育者とやりとりを交わしていく中で、徐々に「好奇心」が芽生えていきます。

ごろごろタイプのあそび 0歳

動く＆動く

「自分が動く」と「物が動いてくる」は違うということに、だんだん気づいていきます。自分から向かっていく（動いていく）ことのほうがワクワクした気持ちは高まります。

引っ張って GO!!

こんなにいろいろ移動できるよ

準備

バスタオル（できるだけ幅広のもの）

バスタオルを広げて、その上に子どもを腹ばいで乗せ、保育者はゆっくりと引っ張ります。

発達Point!

バランス力

しぜんにバランス力がつきます。

遊びのアドバイス

・子どもの表情を見ながら、引っ張るスピードを調節しましょう。思った以上に怖がらないで遊べます。

スキルアップ解説

無意識に体勢を整える

タオルを引っ張ると、子どもは無意識に体勢を整え、落ちないようにバランスを取ろうとします。何げなく乗っているようですが、動き出すと体をぎゅっと緊張させて、バランスを取っているのがわかります。いろいろなところへ移動できるので、楽しさが増しますよ。

あんな坂 こんな坂 こ〜ろころ

ころころ転がるのが楽しい

机やとび板を使って、ゆるい坂を作ります。保育者は坂の上から顔をのぞかせながら名前を呼んであげ、子どもに向って玩具を転がします。

準備

折り畳み式園児用机やとび板、巧技台などの台、転がりやすい玩具

発達Point!

追いかける

腹筋・背筋・腕の力がつきます。

遊びのアドバイス

・勢いよく転がっても危なくない玩具を選びましょう。
・ゆっくり転がしたり、勢いよく転がしたり、子どもの好きなほうに合わせてあげましょう。
・角度を少し変えても、転がるスピードに変化がつきます。

スキルアップ解説

しっかりと「はう」経験を

「はう」は「立つ」までに行なっておきたい動作です。でるだけしっかりとはっておくことで、腹筋・背筋・腕の力が違ってきます。

ちょこっとコラムで
じっくり理解！

遊びのからくりコラム 6

運動会のおけいこのしかたとして 少人数・エンドレス・ビデオ視聴

運動会は、種目内容ではなくて、取り組み方（おけいこのしかた）が保育として問われます。残暑厳しい中、おおぜいの子どもを前にして保育者の叱《しっ》咤《た》激《げき》励《れい》の声が響きがちです。より子どもが集中できる内容、より主体的に動いて愉しくおけいこできるように工夫することが大切です。具体的な例として、〔P.82〕〔P.83〕のように**「少人数」で「エンドレス」で繰り返すと理解は早く、意欲的に取り組めます。**

また、パラバルーンなどの演技指導では、まずは、振り付けを意識しないで、みんなで遊び込みます。いざ、振り付けのおけいことなれば、事前に保育者たちが“振り付け”を演じたものをビデオに収めておきます。子どもたちはいっさい、パラバルーンには触れずに、室内でじっくりとこのビデオを視聴します。1日、2〜3回、3日間、集中して見るだけで、大半の子どもたちは“振り付け”を覚えてしまいます。**大半の子どもがただ見るだけで覚えた段階で、実際にパラバルーンを持って、曲を流すと保育者の指示がなくてもみごとに演じます。**次に、子どもたちが演じたものをビデオに収めて、「どこがよかった、悪かった」と自分たちで“振り返り”をします。この振り返り活動も保育として有意義で、この方法だと保育者の叱咤激励の必要もなく、ほぼ1週間で子どもたちは主体的に振り付けをわが物にすることができます。

じ

10月のテーマ

カラダで表現する遊び

ち

じっくりあそび
- 用具使用
- 基礎運動能力の向上にも配慮したゲーム性のあるものなど!

ちょこっとあそび
- 準備ゼロ!
- 時間が空いたとき、お集まりなどに最適

子どもの姿

最近ごっこ遊びがはやっているキリン組さん
ママ、おかえりーー♪
おなかすいた!
ただいまー
まねっこしたり想像したりすることが楽しいようです
ソノヤですが…
ケーキです
こんにちはー
トントン♪
うんてんし
ブーブ
ステキ!!
おかあさん
盛りだくさん積み木サラダ
子どもたちの興味、うまく遊びにつながらないかしら…
おとーさん!!
キーッ
またよっぱらって!
ウィ
よーこちゃんいまかえったよ~
しかし表現が豊かすぎるわね…
ご家庭をのぞき見してるよう…♪
そんなときは
おまかせ!!

ちょこっとあそび 4・5歳

全身を使って いろいろなポーズで遊ぼう！

保育者とやりとりしたり、まねをしたりしながら、
いろいろなポーズを体全体で表現する楽しさを味わいます。

大きなジェスチャー あっちむいてホイ！

大きな動作がわかりやすい

1 「さいしょはグー」でしゃがんで小さくなり、「はいポーズ」で保育者のまねをします（ポーズは何でもよい）。

2 ポーズをしたら、両手を前に出して「あっちむいて（少しためて）…ホイ！」で、すばやくひとさし指を出して、両手を右か左に動かします。子どもたちは保育者と反対側を指していればアウト。同じ方向であればセーフ。

発達Point！

やりとり遊び
自分の世界と相手の世界を共有します。

遊びのアドバイス

・「さいしょはグー」「はいポーズ」で遊びの中にリズムが生まれるので、楽しさが増しますよ。

スキルアップ解説

ルールがわかるとおもしろい

「同じポーズだとアウト！」「違うポーズだとセーフ！」ということは、頭で理解するのではなく、動きで覚えていくことで理解できるようになります。

まねまねストレッチ

体を柔らかくして、けがをしにくい体をつくろう

保育者「まねまねポーズ」
子ども「まねまねポーズ」
保育者「(例)エビ」
掛け声のあとに子どもは保育者のポーズをまねして、10秒数えます。

エビ

まねまねポーズ
エビ
う〜〜ん
いたい〜
1・2・3・・・・

長座でひざを伸ばして前屈。

モモンガ

1・2・3・4・・・・
モモンガ
せんせい すご〜い

足を広げてひざを伸ばして前屈。

アザラシ

アザラシ
1・2・3・4・・・・

腹ばいになり、へその下で両手をついて足を上げ、体を反らせる。

発達Point!

柔軟性

体の硬さをほぐすことができます。

遊びのアドバイス

・体の柔軟性を維持するには、毎日少しずつでも継続して取り組むことが大切です。

スキルアップ解説

柔軟性を鍛える

子どもを取り巻く生活や遊びの環境が変化したことで、経験したことのない動作が増え、極端に体の硬い幼児が見られます。「柔軟性は幼児期に決まる」ともいわれるので、これからの幼児の運動において、柔軟性にも目を向けていかなければなりませんね。

ルールの中で身体表現、かかわり合い表現

いっぱいあそぼう

一定のルールの中で、個々にさまざまなポーズで身体表現したり、子ども同士でかかわり合いながらグループで表現したりすることを楽しみます。

だるまさんが変身した!?

止まると同時にいろいろなポーズができるかな?

準備

宝物(玉入れの玉たくさん)

『だるまさんがころんだ』のアレンジです。「だるまさんが…」で子どもたちは前へ進み、「かかしになった!!」など保育者はポーズの名前を言いながら振り向き、子どもたちはそのポーズを作ってストップします。

かかし

だるまさんが・・・
かかしになった!!
あっ
ピタッ
ピタッ

宝物の地点までたどり着けば、玉を1個ゲット。

手を広げて1本足で立つ。

発達Point!

瞬時の判断

一瞬で判断してすばやく動けるようになっていきます。

忍者

忍者になった!!
サッ
サッ

ひとさし指を握って忍者のポーズ。

大仏

大仏になった!!
パッ
パッ

あぐらで大仏のポーズ。

スキルアップ解説

すばやく判断して動く

指示に対する「反応」=とっさの判断が、身のこなしのすばやさ(動きの切れ味)にもつながっています。

遊びのアドバイス

・あらかじめポーズを見本で見せておきましょう。

形合わせグループワーク

一瞬で見た形を思い浮かべて、思い出して

準備
フープ(3人に1個)、玉入れの玉(赤白たくさん)
3人ひと組になり、フープを1個持つ。

① 保育者は玉入れの玉を組み合わせて「図」を作り、10秒間子どもたちに見せます。

② 保育者は図を隠し、子どもたちは玉入れの玉を取りに行きます。先ほど見た形を思い出して、3人で意見を出し合いながらフープの中に同じ形を作ります。

玉入れの玉は、チーム内で交替しながらひとりひとつずつ取りに行く。

発達Point!

協同性

課題を共有して製作することで、協同性が育ちます。

遊びのアドバイス

・少ない数でできる簡単な形から始めましょう。
・「あぁでもない」「こうでもない」といったやりとりをすることが、この遊びのねらいです。子どもたちにゆだねて見守りましょう。

スキルアップ解説

みんなで完成させる楽しさ

形が決まっているので、自由性はないものの、「さっき見たものと同じに」という課題を3人が共有しながら、意見を交わし合い、3人なりの形(結果)を完成させることで、協同性が生まれます。

ちょこっとあそび 2・3歳

歌やお話に合わせて身体表現

子どもたちがよく知っている歌やお話に合わせて、
いろいろなポーズや動きを表現して楽しみます。

すぐ あそべるよ

物語ふうポーズ遊び

『ももたろう』の登場人物になりきってみよう！

『ももたろう』のお話をしながら、出てくる登場人物のまねをしていきます。

1 おじいさん

おじいさんは
山へ…

つえをついたふりで、腰を曲げて歩く

2 おばあさん

トントン

曲げた腰をたたきながら歩く

3 モモ

体を丸めて背中を下にして
ゴロゴロ

4 ももたろう

腕を曲げて腰を落としてモリモリ

5 イヌ

四つんばいで歩く

6 サル

手を頭とあごに当てる

7 キジ

パタ
パタ

両手を広げてパタパタ

8 鬼

ばたっ

ひとさし指を頭につける
（お話の流れに合わせて倒れるポーズをする）

9 ももたろう

お話の最後に喜びのポーズをする

発達Point!

模倣から興味へ

みんなで物語の世界をつくることで、新しい世界に興味がわいてきます。

遊びのアドバイス

・保育者はお話をしながら動きの見本を見せて、子どもたちがまねを楽しめるような雰囲気をつくり出しましょう。

スキルアップ解説

物語への期待が膨らむ

物語が進んでいくことと、それに伴って現れるさまざまな人や動物などのまねをする体験を通して、物語への期待も膨らみ、遊びに夢中になっていきます。

シャボン玉飛んだ

歌に合わせて表現遊び

♪『しゃぼん玉』※を歌いながら、歌詞を表現して遊びます。

1番

♪シャボン玉飛んだ

両手の上にシャボン玉が乗っているように見たてて、それを息でフーっと飛ばす動き。

♪屋根まで飛んだ

屋根の形のポーズ。

♪屋根まで飛んで

フワフワ飛んでいるようすを目で追うポーズ。

♪こわれて消えた

両手でパチン。

2番

♪シャボン玉消えた
シャボン玉を目で追うふりをして、両手でパチン。

♪飛ばずに消えた
パチン。

♪生まれてすぐに
パチン。

♪こわれて消えた
パチン。

♪風々吹くな
シャボン玉飛ばそ
両手の上からフーっと飛ばす動き。

発達Point!

イメージを楽しむ

見たてる遊びで表現力がはぐくまれます。

遊びのアドバイス

・保育者の演技力が問われます。いかにも本当の「シャボン玉」があるかのように表現しましょう。

スキルアップ解説

イメージすることが「楽しみ」に

イメージすることがわかり、いろいろな人やものをまねすることが「楽しみ」としてとらえられるようになりつつあります。見たてること、なりきることに、夢中になって楽しめるはずです。

※『しゃぼん玉』作詞／野口雨情、作曲／中山晋平

みんなでいっしょに身体表現

みんなでいっしょに、
物語やイメージに合わせて動きを楽しみます。

『おおきなかぶ』で引っ張りっこ

「うんとこしょ、どっこいしょ」の掛け声で

準備
長縄
引っ張る役6人、ネズミ役ひとりを決める。

1 まずは『おおきなかぶ』の絵本を読み聞かせます。保育者がかぶになって長縄の先を持ち、「おじいさんが引っ張って、おばあさんが引っ張って…」というお話をしながら、子ども6人が長縄を引っ張ります。

「うんとこしょ、どっこいしょ」「まだまだかぶは抜けません」
やりとりを何度か繰り返す。

2 最後にネズミ役の子が参加したところで「抜けた〜！」と、保育者はかぶが抜けたジェスチャーをします。

抜けたら次の6人＋ひとり（ネズミ）のグループと交替。

発達Point!
パターンを楽しむ
見通しが持てると楽しみが生まれます。

遊びのアドバイス
・掛け声に合わせて、しっかりと力を出して引っ張り合いましょう。

スキルアップ解説
同じパターンの繰り返しが大切
「うんとこしょ、どっこいしょ」の掛け声を繰り返すというパターンと、必ず最後はネズミが登場し、かぶが抜けるというパターン。同じ"パターン"を繰り返すということが、この年齢の子どもたちにふさわしい遊びの要素のひとつです。

ドキドキストップゲーム

Go & Stopでめりはりのある身体表現

❶ 保育者の周りを音楽に合わせて駆け足でお散歩し、ストップの合図でその場に座る、を繰り返します。

❷ ストップの後の動きを変えて、3つのパターンを繰り返します。

「雨が降ってきたよ ザーザーザー」

片足を上げて傘のポーズ。

「カミナリだ ゴロゴロゴロ」

うつぶせで寝て、へそを隠す。

「嵐がきた ビューン！」

何人かの友達同士でくっついて座る。

発達Point!

みんなの中の自分

友達を意識しながら「自分」も意識するようになります。

遊びのアドバイス

・それぞれのポーズは、初めに見本を見せましょう。
・理解できてくれば、それぞれの音（ザーザーザー、ゴロゴロゴロ、ビューン）だけで、その動作ができるかを見ていきましょう。

スキルアップ解説

他者を受け入れる力

みんなで同じ動作を繰り返す中でも、ほかの友達を見たり、言葉や直接触れ合ったりすることから、それぞれやりとりをし始めます。そんな体験の中から、自己主張だけでなく、他者を意識したり受容したりする力が芽生えていきます。

すぐ あそべるよ

あんなこと・こんなこと・どんなこと

興味があることは、何度も「もう1回！」とせがまれます。
「またぁ〜」と思わず「よし、みんなが食いついてくれたぞ！」と思って子どもが飽きるまで付き合ってあげましょう。

指さん、こんにちは

じょうずにできるかな

準備 指にはめられるもの（リング、ホースを短く切ったもの　など）
※子どもの指よりかなり大きめのもの

向かい合わせで座り、「親指さん、こんにちは」と言いながら保育者が親指に玩具をはめます。「ひとさし指さん」「中指さん」というように次々とはめていき、全部できたら、「○○指さん、さようなら」と言いながら外します。子どもにはめてもらったり、子どもの指にはめていったりして楽しみましょう。

親指さん こんにちは！

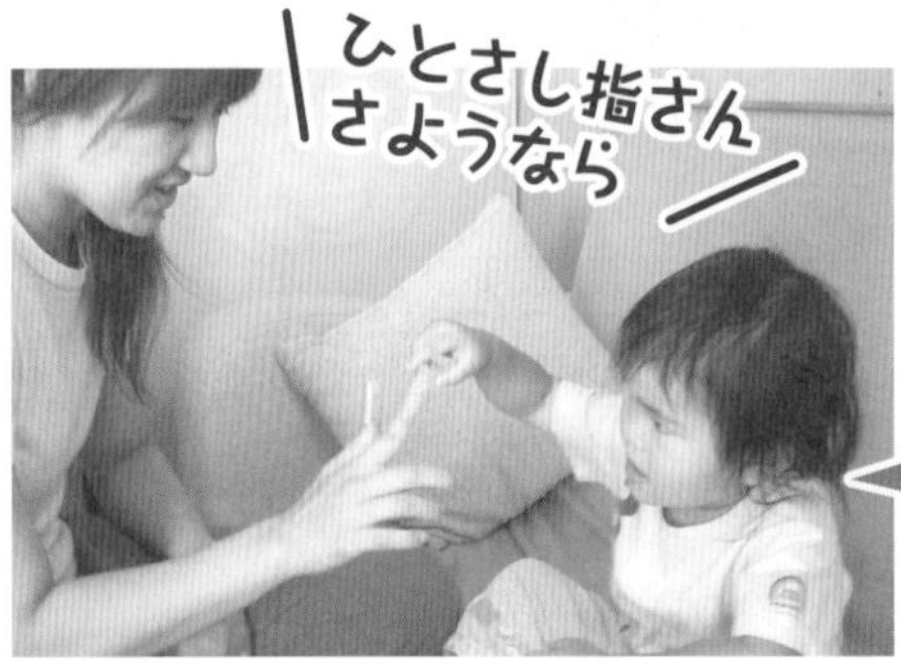
ひとさし指さん さようなら

発達Point！ 指先の発達
かげんしながら手を動かせるようになります。

遊びのアドバイス
・「親指」などの言い方が難しく感じる場合は、お父さん指などでもいいでしょう。

スキルアップ解説
名前を覚えながら指に差す
「指に差す」ということは、自分の手の動きを一点に集中し、かげんしながら目的地に持っていくという連動から成り立ちます。遊びの中で「指の名称を覚えながら、小さい穴に差していく」というふたつの活動は、簡単そうですが、高度な動きを必要としているのです。

タコさん、ハクション

くしゃみは突然やってきます

準備 鼻の下に挟める玩具（チューブやマジックロープ　など）

向かい合わせで座ります。鼻の下に玩具を挟み、「タコさん、タコさん…」と言いながら首を振ってピタッと止まり、「ハ、ハ、ハクション」と言いながら玩具を落として急いで拾います。

タコさん タコさん

発達Point！ 期待感
聴覚と視覚の両方から興味をそそります。

ハクション！

あわてて拾うようすがおもしろいようです。

遊びのアドバイス
・タコのおもしろい顔で興味をそそりましょう。
・くしゃみだけではなく、ハンカチを使って「おひげを触ったら落ちちゃった！」としても、おもしろがってくれますよ。

スキルアップ解説
聞いて見て楽しめる
保育者の声が子どもの聴覚に訴え、タコのおもしろい顔が視覚に訴えます。玩具を挟んで動きを止めることで期待感もわき、繰り返すたびにおもしろみが増します。

じっくりあそび

1歳

いろいろな反応を楽しむ遊び

保育者との掛け合いや誘いかけなどのやりとりと、手具を通して生まれる反応を楽しむ遊びです。

マットからいないいないばぁ

いろいろな形で「いないいないばぁ」を楽しもう

準備　マット

マットを壁のように立てて保育者は隠れます。「いないいなーい」で子どもたちに誘いかけ、「ばぁ」でマットの上からのぞき込み、子どもたちとハグします。

遊びのアドバイス

・マットの位置を少し変えたりして、子どもたちが反応しやすい設定にしましょう。

発達Point!　親しみ

保育者への愛着心があるから、より楽しめます。

マットの下に隠れて「いないいないばぁ」をしても。

スキルアップ解説

愛着心が育つ

徐々に保育者や周りの友達に対する愛着心が育ち始め、親しみや興味を持ってさまざまな遊びが楽しめるようになってきます。

パフリングぽっとん

いろいろな反応が楽しいね

準備　パフリング

パフリングをひとり1個持ち、頭の上に乗せて「こんにちは！」とおじぎをして"ぽっとん"と落とします。

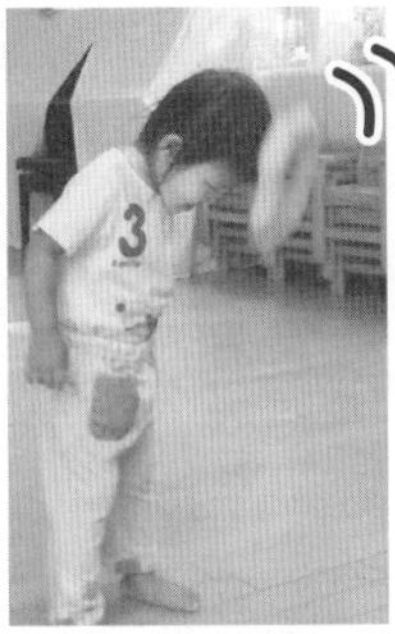

遊びのアドバイス

・子どもと目線を合わせて、いっしょに「ぽっとん！」することが大切です。

発達Point!　いっしょに楽しむ

みんなでいっしょに楽しむことができるようになります。

スキルアップ解説

みんないっしょが楽しい

徐々に対人関係も広がって経験量も増し、保育者や友達と動きやリズムを合わせて楽しむことができるようになってきます。単純な遊びでも、みんなでいっしょにすることが楽しくなってくるんですね。

笑顔で表現、カラダで表現

これまでの保育者との信頼関係によって、遊びに対しても安心感が生まれ、さまざまな反応や表情が見られるようになってきます。

坂の向こうからいないいないばぁ

保育者とのやりとりが興味と意欲の源

準備

マット、折り畳み式園児用机　など

丸めたマットに机を斜めに掛けて坂を作る。

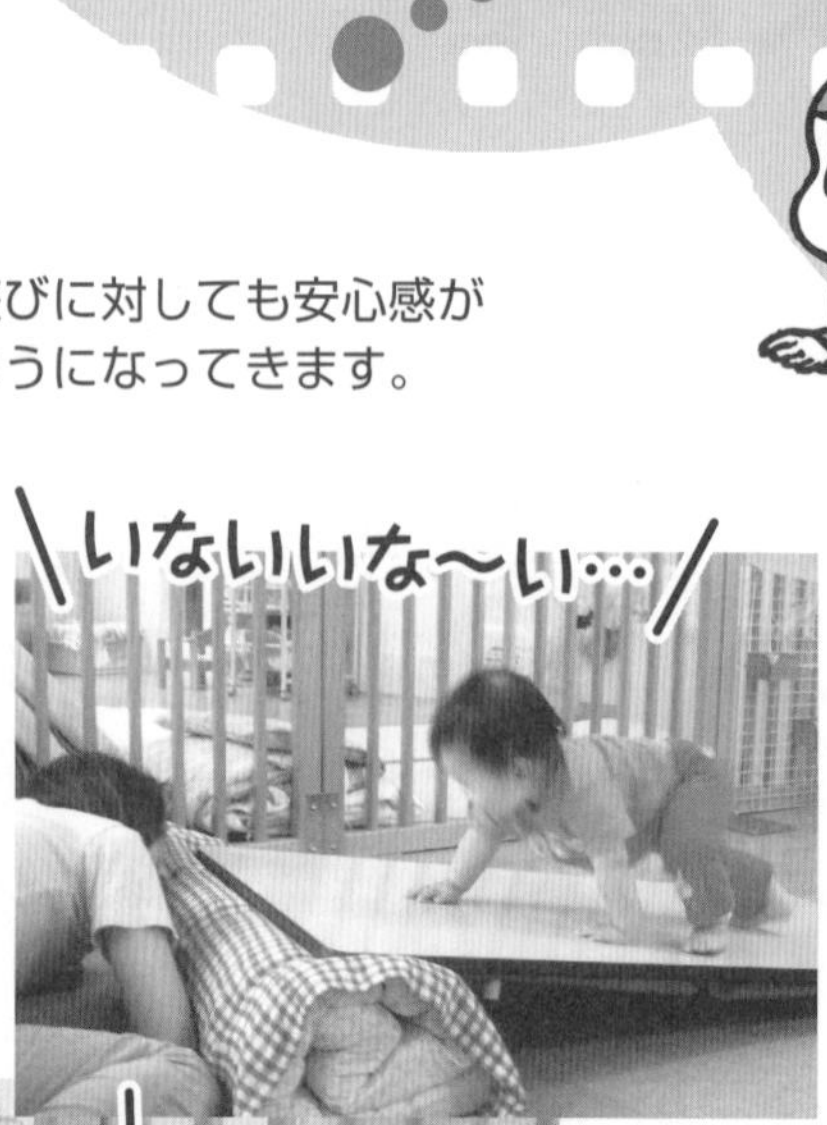

保育者は「おーい、○○ちゃ～ん」と名前を呼び、顔が見えないように隠れて「いないいな～い…」で子どもが登ってくるのを待ちます。

ある程度登ってきたら「ばぁ」でハグします。

発達Point!

豊かな関係性

保育者とのやりとりを通して豊かな関係性が生まれます。

遊びのアドバイス

・登ってこようとしない場合は、ロープやタオルなどの先を動かしたりして誘いかけてみましょう。

スキルアップ解説

世界の広がり

「動きたい」という生理的欲求と、「保育者とのやりとり」の両方がうまくかみ合ってくることで、子どもにとって魅力のある世界が広がっていきます。

ボックスタクシー

しっかりつかまらなきゃ～

準備

段ボールや牛乳パックで作った箱

箱の中に子どもを座らせます。保育者は、子どもが箱の端を両手でしっかりつかんでいることを確かめてから、ゆっくりと押したり引っ張ったりします。

出発しまーす

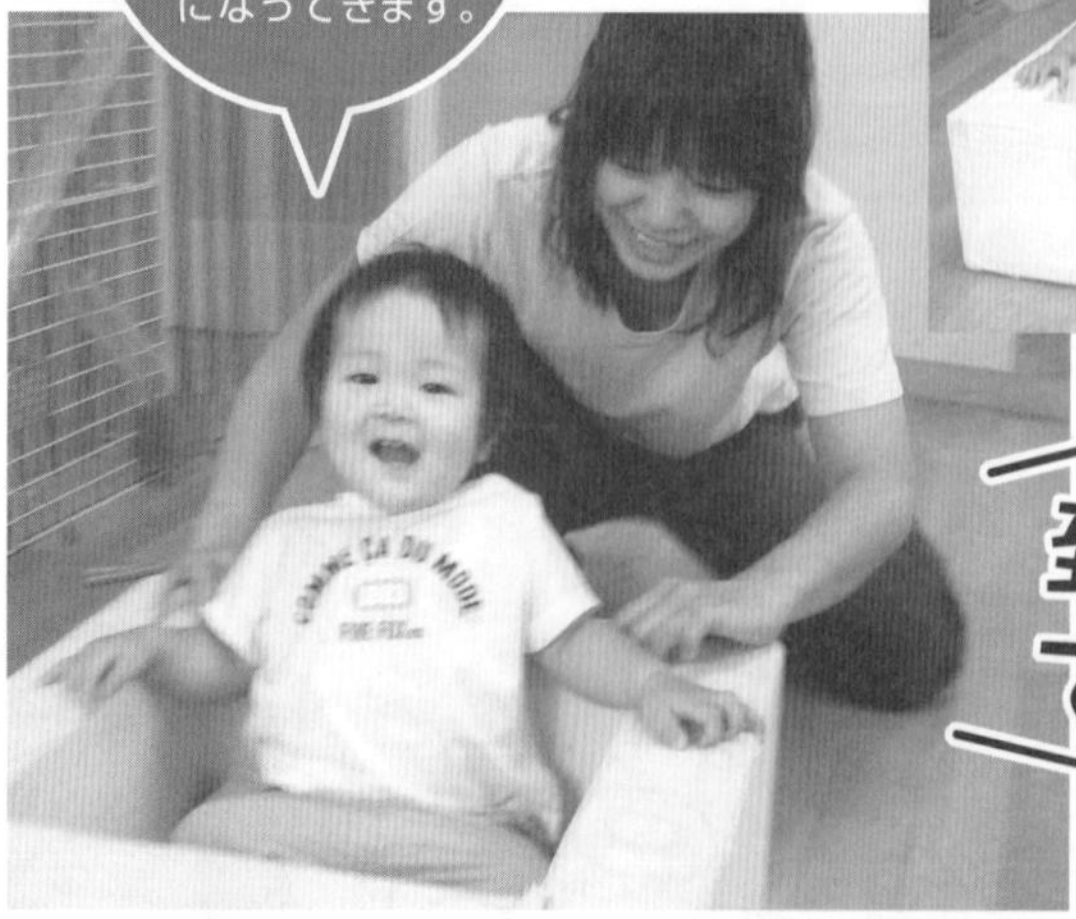

到着でーす

安定よく座っていられるようであれば、方向を変えたり、スピードを変えたりする。

発達Point!

続ける力

一定の時間、何かをし続けることができるようになってきます。

遊びのアドバイス

・子どもの反応を見ながら引っ張り方・押し方を工夫しましょう。

・止まって、動いて、また止まって…、というように、「静と動」のめりはりをつけることが大切です。

スキルアップ解説

遊び方の広がり

ある一定の時間何かをし続けることが可能になってきます。少しずつ意図的な動作が現れ始め、保育者との遊び方も拡大しつつあります。

じっと見つめて、笑顔で表現

楽しいことをしてくれそうな大人を見ると、笑顔をふりまいてくれる子どもたち。小さな体をばたつかせながら「遊ぼう！」とアピールしてくれます。

おきあがりこぼし

先生と手をつないで、よっこいしょ！

準備 タオルまたはマット

あおむけで寝転び、両手で保育者の親指を握らせて、「グー」「パー」と動かし、「いちにのさん、起きて〜」で、起き上がらせます。

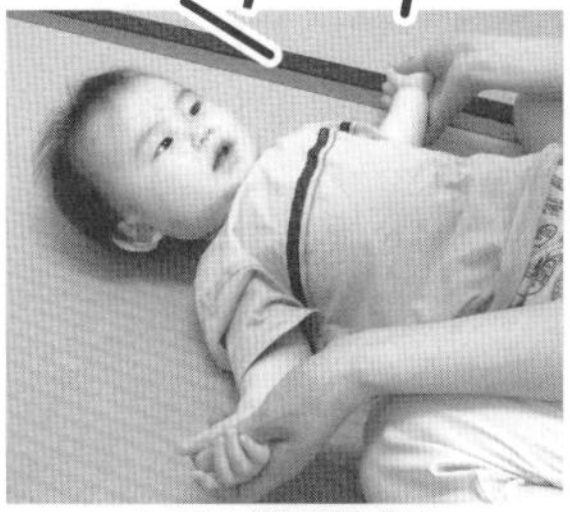

両手を横に広げる

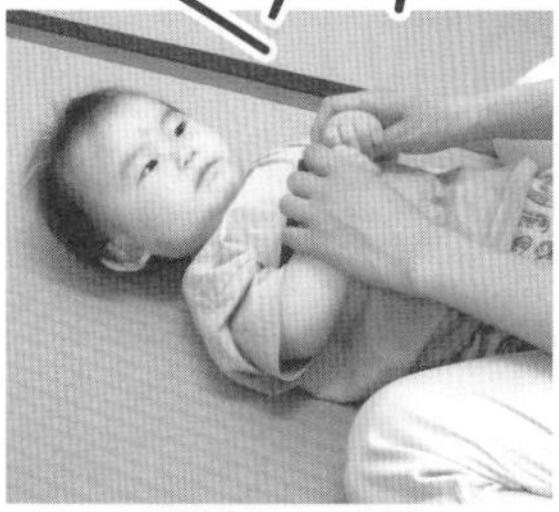

両手をくっつける

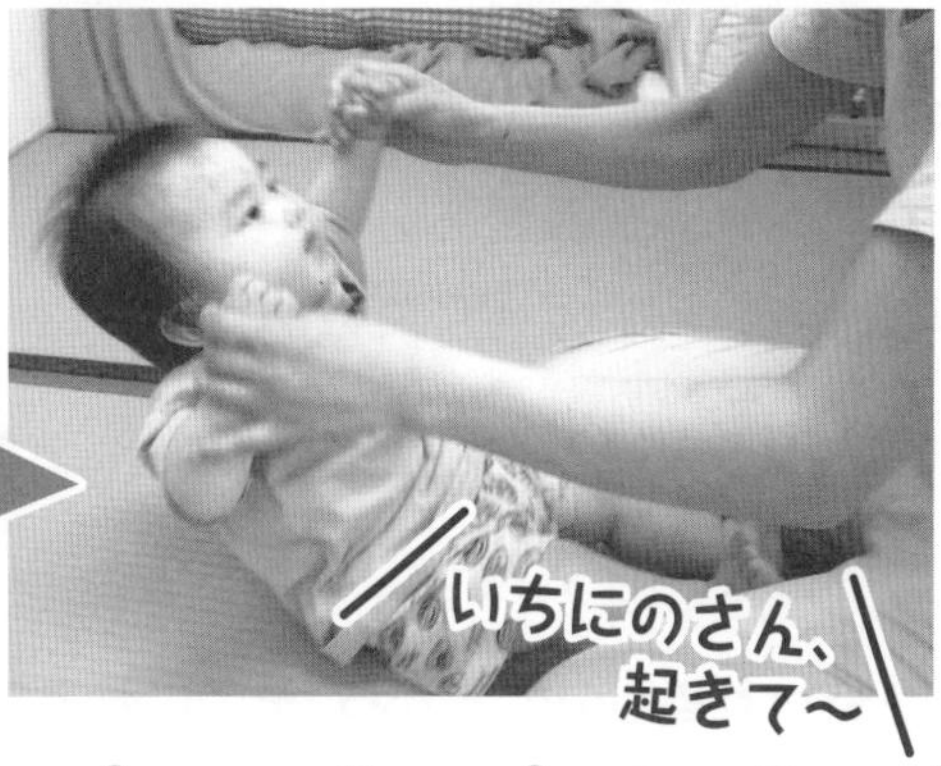

発達Point!

腹筋と背筋

しりを基点に「腹筋・背筋」を使うようになります。

遊びのアドバイス

・脱臼するおそれがあるので、起き上がらせるときは、ゆっくりと引っ張ってあげてください。
・理解してきたら、保育者は手の位置を固定して、子どもが自分で起き上がろうとするように持っていってあげましょう。

スキルアップ解説

上体を起こす

日常は寝ていることが多いですが、オムツ交換のときや遊びの中で、起き上がる姿勢を取ることで、腹筋や背筋を使って上体を起こすということが少しずつ理解できていきます。徐々に「座りたい」という意欲も生まれてくるのです。

はい、ぽっとん

この穴に入るかな？

準備 穴があいた段ボールや積み木、その穴に通る玩具（洗濯バサミやボール　など）

座って向かい合わせになり、保育者が手に穴あきの積み木を持って、「穴があいてるね」と話しかけます。その穴に玩具をくぐらせ、ポトンと落とします。「あ、落ちちゃった！」と驚く表情をして、また繰り返します。

手を出してまねをしようとしたら、子どもにも入れてもらいましょう。

発達Point!

つかんではなす

つかんで何かに入れるという動きは、指先の微細運動になります。

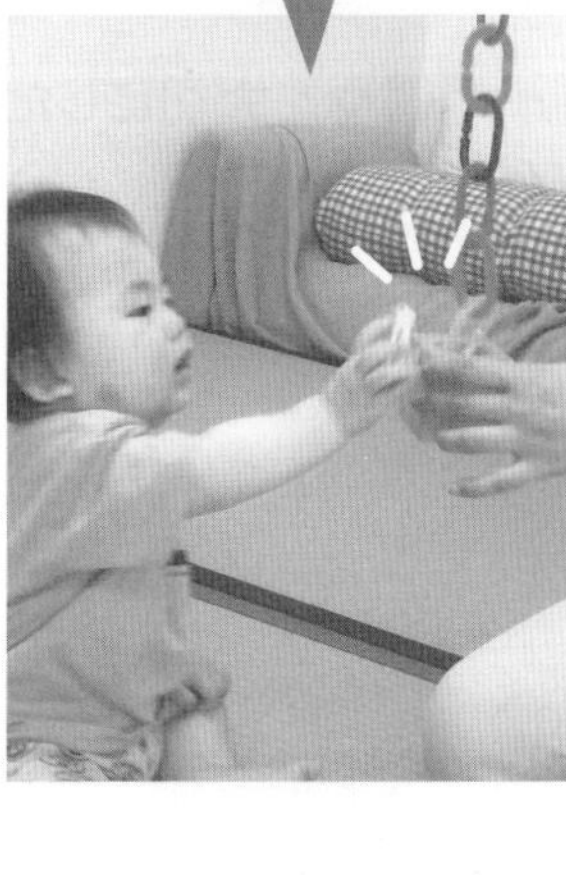

遊びのアドバイス

・うまくできない場合は小さな玩具にしたり、手を添えたり、穴を近づけてあげたりするとうまくできますよ。

スキルアップ解説

繰り返して

ゆっくり入れて、ポトンと早く落ちる、そんなめりはりのある動きがおもしろいようです。握るのは簡単ですが、穴に入れて意図的に手を離すという動きは実は難しいのです。繰り返すうちにできるようになるでしょう。

ちょこっとコラムで
じっくり理解！

遊びの
からくり
コラム7

「女の子の勝ち!?」「白の勝ち!?」
競争心の取り扱いに注意!!

運動会に限らず、子どもたち、特に年長児に宿る“競争心”をあおって、盛り上げようとする保育者の姿をよく目にします。〔P.17〕のような『いろいろ引っ越し遊び』を4・5歳児で行なう場合、さらに対面で男の子と女の子に二分して行なった場合、「よーいドン」で双方がスタートして交差して双方が相手のマットに到着したとき、もしも保育者が「女の子チームの勝ち」と勝ち負けの評価を下したなら、いちばん最初に先方のマットにたどり着いていた男の子はどんな気持ちになるでしょう。2チームに分けますがあくまでも、**個々の力発揮が問われるものですから、そこに勝ち負け評価を下すことは好ましくありません。**

また、『玉入れ競争』は運動会の定番種目ですが、玉入れのかたづけを競争にした場合、隅っこに赤い玉がひとつ残っていたとします。みんな自陣に戻って、赤チームのだれかがそれを発見し、自主的に取りに行って、急いでカゴにかたづけることができたとします。しかし、そのとたんに「白の勝ち（赤の負け）」という判定がなされます。その子どもの気づきと行為は、評価されることはありません。もちろん競技なので、競争心から、気づいて自分で動く力を発揮できたという面もあると思いますが、**「個々を大切にした保育」を実践するなら、その子どものふるまいを認めて褒めるなどの配慮も必要**だと思います。

11月のテーマ

遊びが膨らむ集団遊び

じっくりあそび

・用具使用
・基礎運動能力の向上にも配慮したゲーム性のあるものなど!

ちょこっとあそび

・準備ゼロ!
・時間が空いたとき、お集まりなどに最適

子どもの姿

今年度も後半。いろいろなことがじょうずになって、クラスの仲も深まってきた子どもたちですが…
まてー
あそぼー
うん!!
だだー
この間
その中でもなにかと競い合うこのふたり。
この間はかけっこだったよね…
ハアアアア〜
あ、熱いわ!
ひとりひとり自己発揮はできてるけど…
ポイッ
フー
フー
フー
ハー
あらっ…
…次は何を…?
のほほん…
かあわいい〜
仲よしだからこその競い合いだったのね…集団遊びも取り入れなきゃね!
そんなときは
おまかせ!!

ちょこっとあそび 4・5歳

一瞬でチカラを発揮する遊び

「1対1」や「小グループ」で、力比べをしたり、逃げたり追いかけたりといった動きを伴う遊びです。

1対1でThe対決！

対決の基本は「ひとり対ひとり」から

お好み焼き対決

❶ ふたりで向かい合って「♪お好みジャンケン　お好みジャンケン　ジャンケンポン」でジャンケンし、負けた子はうつぶせに寝ます（お好み焼き）。

❷ 「よーいドン」の合図で、勝った子は、寝ている子をひっくり返そうとします（10秒間）。ひっくり返せたら勝ち（おなかをパクパク食べるしぐさ）。ひっくり返されなかったらお好み焼きの勝ち。

相手を変えて繰り返す。

追いかけっこ

ふたりで向かい合って座ります。「さいしょはグー！ジャンケンポン」と声を合わせてジャンケンし、負けた子はすぐに反対を向いて、壁までおしりスリスリで逃げ、勝った子もおしりスリスリで追いかけてタッチします（10秒間）。

相手を変えて繰り返す。

発達Point!

いろいろなやりとり

自分の世界と相手の世界を共有します。

遊びのアドバイス

・保育者主導で、全体で同時進行することがポイントです。

スキルアップ解説

自分と相手の状況を理解する

「ひっくり返す自分」「耐える相手」、「逃げる自分」「追いかけてくる相手」、またその反対というように、自分と他者のいろいろな状況がわかり、やりとりの世界が広がっていきます。

少人数で鬼ごっこ

少人数だから理解しやすく力も発揮できる

ネコとネズミ

3人ひと組で座り、ネズミをひとり決めます（あとのふたりはネコ）。ネコのふたりは両手で顔を隠して目をつぶって5秒数え、ネズミはおしりスリスリで逃げます。「ゼロ！」でネコもおしりスリスリでネズミを捕まえに行きます（10秒間）。

ネズミ役をローテーションで交替し、全体のメンバーチェンジもして繰り返す。

どっかんスリスリ鬼

準備 パフリング　など

3人ひと組で座り、パフリングを隣へと送っていきます。10秒カウントダウンして「ゼロ！」になったときに、パフリングを持っていた子が「鬼」になり、ほかのふたりはすぐにおしりスリスリで逃げます。

タッチされたら、また3人で座ってカウントダウンから繰り返す。3〜5回行なったら、メンバーチェンジしましょう。

発達Point！
判断力
一瞬だからこそ判断力が養えるのです。

遊びのアドバイス
・パフリングを投げたり、ずっと持っていたりしないことを約束しておきましょう。

スキルアップ解説

判断力を養う

子どもたちの判断力は「直感的」なものです。考え込む時間をいくら与えても、判断できないことのほうが多いものです。一瞬のわずかな時間だからこそ、直感で体が動いて判断する力が養えるのです。

集団のチカラを引き出す遊び

ひとりひとりの力発揮が充実してくると、集団のチカラもしぜんと変化が見られるようになります。仲間のアイディアやチカラを感じながら、さらに集団としてのチカラを引き出します。

島渡り宝取り

いろいろなやり方を見て、感じて、試して

準備

カラー標識数本、玉入れの玉たくさん、カゴ4個ほど
全体をA・B・Cの3グループに分け、Aチームを帽子で色分けする。
スタートラインから15mくらい先に玉入れの玉(宝)が入ったカゴ(宝箱)を置く。

Aチームは鬼になり、スタートラインと宝箱の間にランダムに立ちます。
B・Cチームは、鬼にタッチされないように宝を取りに行きます。

鬼にタッチされたらアウト、スタートからやり直す(カラー標識に触っているときは鬼はタッチできない)。
宝を取れたらスタートに戻ってカゴに入れて、再びスタート。

発達Point!

目に見えないつながり

無意識の中でもつながりが芽生えます。

遊びのアドバイス

・鬼チームをローテーションして、繰り返しましょう。
・子どもの人数や広さや距離によって、カラー標識(安全地帯)の数を増やしたり減らしたりして調節しましょう。

スキルアップ解説

仲間の動きを感じて

ひとりひとりがそれぞれに動いているように見えますが、自分以外の仲間が動いていることで、自分にチャンスができたり、逆にピンチになったりすることがあるということを、実際の体験として感じることが大切です。そんな体験が子ども同士のつながり(信頼関係)をはぐくむきっかけにもなっています。

おイモ引っ張り大会

相手の力、自分と仲間の力がダイレクトに伝わる

準備　全体を2チームに分ける（おイモチーム・おじさんチーム）。

おイモチームはうつぶせで横に並んで寝ます。おじさんチームはおイモチームの足首を持って引っ張ります。おじさんチームの陣地まで引っ張れたら勝ち。おイモチームは引っ張られないように、仲間同士で手を組んだり重なったりと作戦を考えながら踏んばってがまんしましょう。

おじさんチーム
おイモチーム
う〜ん
がんばれ〜〜
キャー

20秒で交替。

発達Point!

ルールを取り込むチカラ

ルールも「おもしろさ」のひとつになります。

遊びのアドバイス

・後ろ向きに引っ張るので、寝ている子どもを踏まないように注意しておきましょう。
・引っ張るところは「足首だけ」と限定しましょう。服や靴を引っ張らないように。

スキルアップ解説

「ルール」への理解が深まる

「ルールがあるから納得できる」「ルールを守ることでみんなが楽しく参加できる」ということを、集団での遊びの中から学び取っていきます。

ちょこっとあそび 2・3歳

すぐあそべるよ

模倣から合図で動く遊びへ

保育者の模倣をすることから始め、保育者の合図によっていろいろな動作を楽しむことができる遊びです。

カエルとタマゴ

合図でポーズ！ できるかな

保育者と子どもたちは向かい合って座り、「カエルかな？ タマゴかな？ どっちかな？」「せーの！ ○○○」の合図でどちらかのポーズをします。

カエルかな？
タマゴかな？

せーの、タマゴ

保育者が両手でひざを抱える。

タマゴ

ゴロン
ゴロン

体を丸めてタマゴのポーズでその場で転がる。

せーの、カエル

保育者が手をたたく。

パチン！

ジャンプ
ゲロゲロ

足を開いてカエルのポーズでジャンプ。

遊びのアドバイス

・「せーの」から「カエル」や「タマゴ」までの間が大切です。子どもたちの表情を見ながらタイミングよく合図を出しましょう。

スキルアップ解説

合図に合わせて楽しむ

まねをして楽しむことから、合図によっていろいろな遊びが楽しめるようになってきます。

発達Point！

やりとりの手段が膨らむ

模倣から合図で動けるようになります。

風船ごっこ

イメージもいっしょに膨らむね

❶ 保育者がしゃがんで風船になって、「みんなで先生の風船膨らましてね」と言い、子どもたちは口元に手を当ててフーっと空気を入れるジェスチャーをします。

「せーの、フー、フー、フー…」と、みんなで声を合わせたほうが楽しく盛り上がりますよ。

❷ 保育者はだんだん大きくなっていき、両手両足を思い切り伸ばしたら、最後は「パーン!」と言って両手を頭の上でたたき、ジャンプします（風船が割れたイメージ）。

「びっくりした？　でもだいじょうぶだよ」と声をかけてあげましょう。

遊びのアドバイス

・時々、途中で「あ、空気が抜けた、シュー」といって、その場で小さくしぼむジェスチャーを織り交ぜると、めりはりも生まれ、さらに楽しめますよ。

発達Point!
過程の理解
「だんだん」という過程の概念がわかり始めます。

❸ 次は子どもたちに交替です。しゃがんで小さな風船になり、保育者が「フー、フー、フー」。子どもは保育者がしていたように膨らんでいきます。

最後は「せーの、パーン！」とみんなでいっしょにその場で大きくジャンプ。

スキルアップ解説

「だんだん」の理解

「いちばん大きく」「いちばん小さく」ということはわかり、体でも表現できますが、「徐々に」とか、「だんだん」ということも、少しずつわかり始めてきます。

じっくりあそび 2・3歳

みんなの中で自分のチカラを発揮する遊び

みんながいるから楽しい、みんなといっしょだから楽しい、と感じられるような遊びです。

マット遊び

みんなで運んで転がって

準備 マット（8人に1枚）

展開1 ゴー&ストップ&マット運び

❶ マットの周りを8人程度でグルグル回る。

❷ 「ストップ」の合図でマットに座る。

❸ マットの外に出て、持ち上げて自由に運ぶ。

終了の合図でマットを下ろして、またグルグル→ストップを繰り返す（マットを持つところが変わる）。

展開2 マット運び&ゴロゴロとゲロゲロ

展開1の❸のようにマットを運んで下ろした後、保育者の合図で動きます。

ゴロゴロ

マットの上でおイモになって、順番に転がる。

ゲロゲロ

カエルになってピョンピョン。

遊びのアドバイス

・いきなり展開1展開2を組み合わせる必要はありません。やり方や楽しさがわかるように、ひとつひとつの展開を繰り返していきましょう。

スキルアップ解説

物を通したかかわり

少しずつ、ひとりだけの世界から子ども同士の世界へと広がっていきます。この年代の子どもたちは「物」を通してかかわることが可能になってくるので、マットの重みや特徴を、子ども同士でいっしょに感じることに意味があるのです。

発達Point!

物を通してつながる

物（媒体）を通してかかわり合いが深まります。

ひげじいさん鬼

ドキドキ感をみんなといっしょに楽しもう

準備
マット数枚
マットを対面に置く（距離は5～7ｍ程度）。

❶ マットに子どもを座らせて、一度♪『とんとんとんとんひげじいさん』※の手遊びをします。

♪とんとんとん

❷ 保育者は「次はあかおにさんになったら、向こうのマットにみんなで逃げようね」と伝えます。「とんとんとんとんひげじいさん…」と進めて、「あかおにさん！」で保育者は鬼のポーズをし、子どもたちは逃げます。

きゃー
あかおにさん！

❸ 保育者は捕まえるフリをしながら、追いかけます。いっしょにマットまで逃げたら保育者に戻って、「だいじょうぶだった？　捕まらなかった？」と、安心できる言葉をかけてあげます。

わー!!
きゃー
まてー
だいじょうぶだった？

マットに戻って同じように繰り返す。

発達Point!
イメージの共有
仲間意識の大切な要素となります。

遊びのアドバイス
・絶対に「捕まえない」ことが大前提です。鬼の存在をイメージの中で楽しむことが、この年齢の子どもたちにふさわしい遊びです。

スキルアップ解説
心の動きを共有する
この遊びでは、「ドキドキ感」と「安心感」が交互にやってきます。その心の動きをみんなでいっしょに味わうことが大切です。イメージを共有することが仲間意識をはぐくむ第一歩なのです。

※『とんとんとんとんひげじいさん』作詞／不詳、作曲／玉山英光

すぐ あそべるよ

集中力が増してきます

興味を引くものに対して、子どもたちは大人が驚くほどの集中力を発揮します。じっと見つめるまなざしは、これから何が起きるのかという期待感に満ちあふれています。

どっちかな？ どっちかな？

よく見ていてね

準備 スポンジなど軟らかいもの

両手を合わせ、その中にスポンジを入れます。手を振って、片方の手に握り、「どっちかな？」と手のひらを上にして見せます。

どっちかな？
せーの！

発達Point!

チャレンジ

「うれしい」「悲しい」の経験が、チャレンジ精神をはぐくみます。

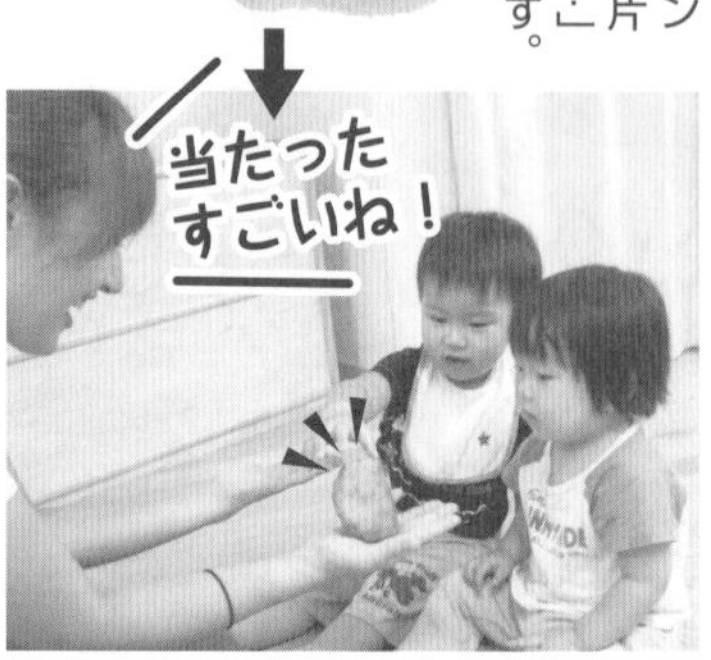
当たった
すごいね！

あら残念！
もう1回ね

当たりはずれを、笑顔と悲しい顔で表現しましょう。

スキルアップ解説

当たりとはずれが楽しい

「当たる」＝うれしい、「はずれ」＝悲しいということが経験できます。初めはわかりにくいかもしれませんが、大人の表情から「当たり」「はずれ」の意味が少しずつ理解できてくるでしょう。理解できてくれば必ず「もう一回」とおねだりするはずですよ。

遊びのアドバイス

・見せる手の向きを変えてみましょう。手の甲が上だと難易度は高くなります。
・はずれが続く場合は、さらっと進めてチャレンジする気持ちを持続させましょう。

こっちへおいで！

一生懸命たぐり寄せます

準備 ひもを付けたパフリング

ひもを手元で握り、パフリングをポーンと投げます。子どもといっしょに「こっちへおいで」と言いながらたぐり寄せます。

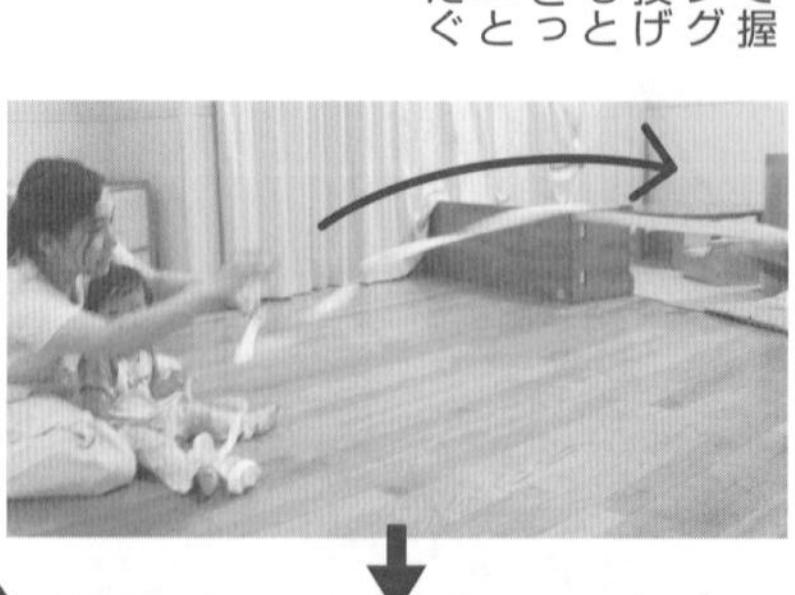

こっちへおいで…

自分のところまでパフリングがきたらバンザイ！

バンザーイ

発達Point!

交互に手が出る

初めは利き手で引っ張っていても、交互に手が出るようになります。

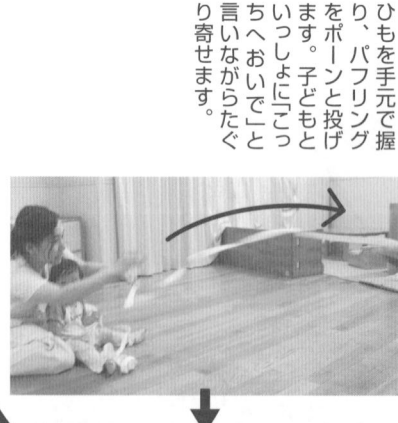

スキルアップ解説

脳での理解が手の動きにつながる

「たぐり寄せる」という動きは、①片手でひもを握る　②握ったひもを自分のほうに引き寄せる　③引き寄せと同時にもう片方の手を前に伸ばしてひもを握る、というように、いろいろな動きを繰り返しているのです。しっかり脳が理解しないと、こういう動きはできないのです。

遊びのアドバイス

・初めはひもを短かめにして、すぐに達成感が味わえるほうがよいでしょう。長くしたり、重みのあるものに変えたりしても楽しいです。

じっくりあそび

1歳

遊び方が変わってきたね

同じような遊びでも、そのときの状況や保育者の意図することがわかり始め、さらに遊びの幅も広がって、おもしろさがわかるようになってきます。

あっちこっちでどっか〜ん

方向転換で倒していこう

準備　ソフト積み木

保育者がソフト積み木を積み上げ、子どもが倒します。3か所くらい積み上げる場所をつくっておき、子どもはできたところからどんどん倒していきます。

発達Point!
方向転換
動きの幅が広がる時期です。

遊びのアドバイス
・倒れたらすぐに積み上げることで、保育者の必死さが子どもにも伝わり、同時におもしろさも伝わります。

スキルアップ解説
動的な遊びにつながる
歩行の自由も広がり、いろいろな場面で「方向転換」が身につき始めます。それに伴って遊びの質も動的なものが多くなってきます。

シーツからボールが落ちてきた

ボールの動きにみずからかかわろう

準備　シーツ（またはバスタオル）、ボールたくさん

保育者ふたりでシーツを持ち、子どもたちがボールを乗せていきます。ある程度たまってきたら、コロコロと落としたり、弾ませて軽く飛ばしたりします。

発達Point!
動くものを扱うチカラ
動くものをつかんだり、自分主導で遊ぶようになります。

遊びのアドバイス
・ボールは2〜3個たまったらでOK。落としたり、弾ませたりして、ボールの落ち方や弾み方を子どもたちに見せることが大切です。

同じようにボールを乗せて繰り返す。

スキルアップ解説
遊びの主導権
これまでは、ボールの動きに「動かされていた」部分が大きかったのが、徐々に思うようにボールを持って運んだり、捕まえたりできるようになり、自分主導で遊ぶことができるようになってきます。

何度もやってみて動き方や楽しみ方を広げよう

だんだんと動き方や遊び方が変わってくるのと同時に、動作が確かなものになったり、したいことができるようになったりと、自由の幅も広がります。

トンネルハイハイ

ハイハイの楽しさが広がるよ！

1 保育者が四つんばいになって、子どもを追いかけたり、誘いかけて逃げたりします。

2 1のやりとりができれば、保育者はトンネルになり、子どもがおなかの下に来たら、保育者も移動して子どものハイハイに合わせて動きます。

時々「べちゃー」と言って、少しトンネルを崩すようにしてスキンシップを図りましょう。

発達Point!
ハイハイの経験
ハイハイの経験をすることは大切です。

遊びのアドバイス
- 子どもの横で目を合わせながらハイハイしてもいいでしょう。
- ひざや手で子どもを踏まないように気をつけましょう。
- おなかの下になかなか来ない場合は、保育者のほうから子どもの上にいきましょう。

スキルアップ解説
ハイハイの積み重ね
各家庭における生活環境の違いによって、ハイハイを十分に経験している子どもとそうでない子どもがいます。つかまり立ちや伝い歩きができるようになった子どもでも、このように遊びの中でハイハイを行ない、経験を積み重ねることが大切です。

どんどん投げて

いっぱい投げて投げて

準備
マットや大型積み木、カラーボールたくさん
マットや大型積み木などで囲って小さなスペースをつくる。

子どもたちはカラーボールを投げます。手が空いたら、保育者が「どうぞ」とボールを渡して、子どもは思い思いに投げることを繰り返します。

スペースを小さくすることで遊びが持続します。

発達Point!
つかむ→投げる
手の操作が発達します。

遊びのアドバイス
- 持ったままの子には、保育者がして見せたりして、投げる動作を促しましょう。
- どんどんボールを渡していくことがポイント。
- 時々保育者も子どもといっしょに投げることを楽しみましょう。

スキルアップ解説
動きの自由を獲得
つかんだものを離す（投げる）という行為は、また一歩自由を獲得していることの現れです。初めに持ったものをずっと持ったままか、渡した物と持ち替えるのか、手放すのか、子どものようすを観察しましょう。

4月
5月
6月
7月
8月
9月
10月
11月
12月
1月
2月
3月

じっくり遊んでみてごらん

大人とじっくり向かい合いながら、ハンカチやタオルを使って遊びます。手や足・指先を使うことによって、脳をしっかり刺激できるので、よりスムーズな動きへと進化していくのです。

タッチでポーン

タッチ&キックができるかな?

準備
タオルやハンカチ

タオルの端を結んだものを子どもの前に垂らし、手や足でタッチして遊びます。

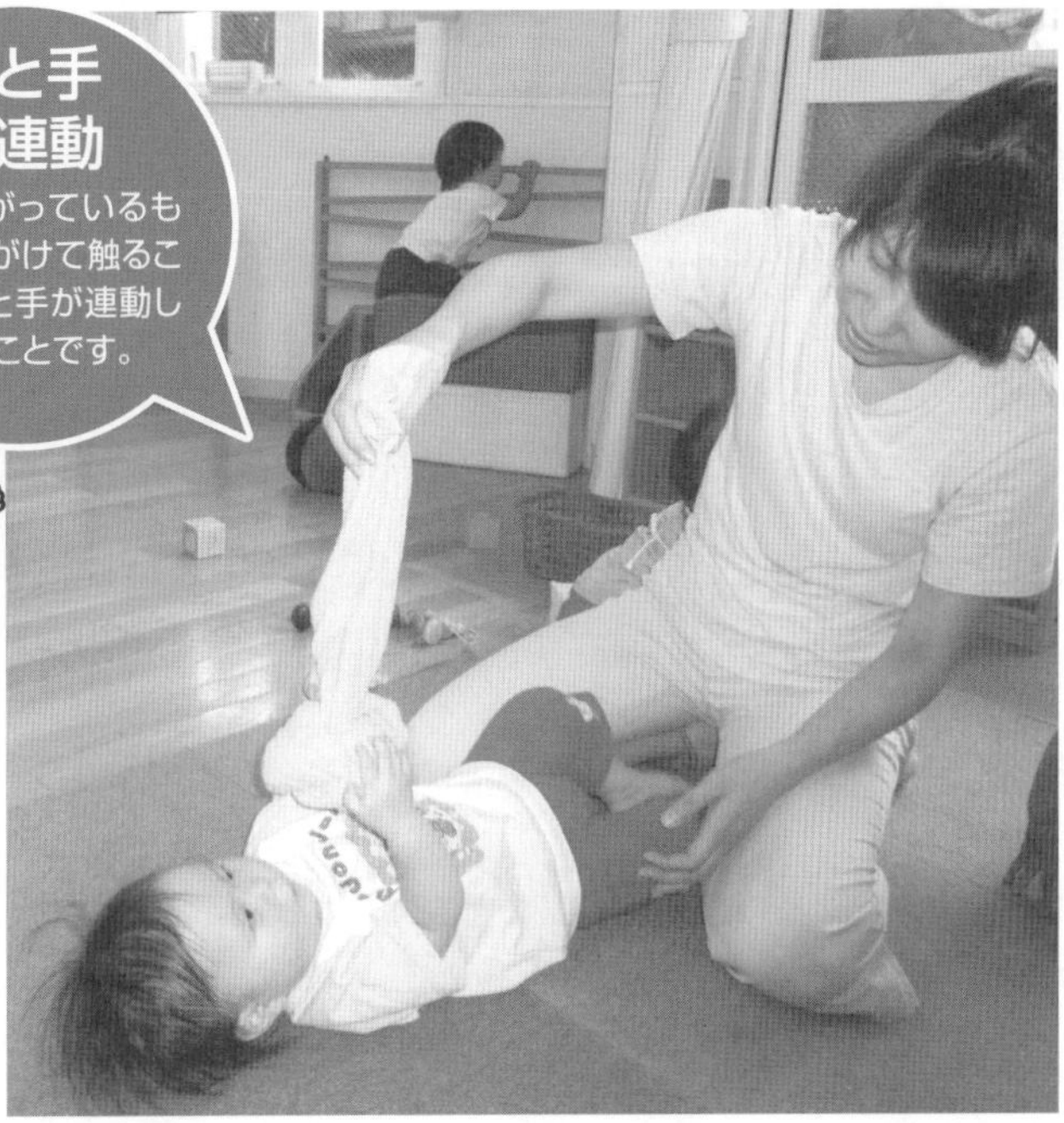

発達Point!
目と手の連動
「ぶら下がっているもの」を目がけて触ることは、目と手が連動してできることです。

遊びのアドバイス
・結び目を大きくして、子どもの視界に入るようにしましょう。はっきり見えるほうが興味を引きやすいです。

スキルアップ解説
動きを理解する
タッチができないような場合は、おなかの上に結び目を乗せてあげて、捕まえたら少し上に引き上げてみるなどして、「結び目を触る」ということを理解させてあげてください。固定されているものではなく、宙にあるものを触ることは、比較的高度なことなのです。

抜けたよ、抜けた

指を使って引っ張ろう!

準備
ハンカチ

1 保育者はハンカチを軽く持ち、「1、2、3!」と言いながらハンカチを引っ張って抜きます。

2 次は「○○ちゃんできるかな」と近づけ、「1、2、3!」で子どもに引っ張ってもらい、抜けたらいっしょに喜びます。

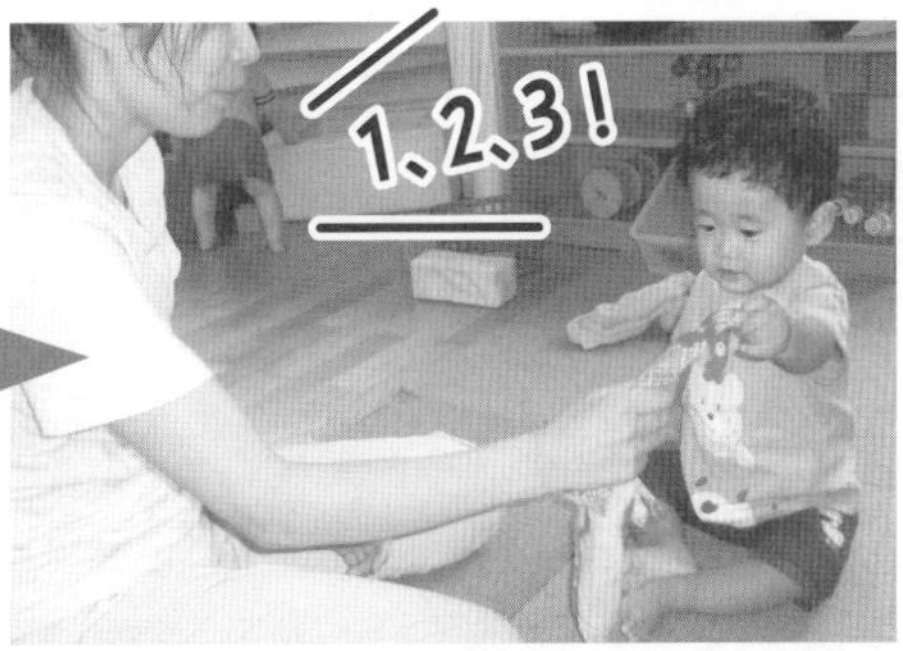

遊びのアドバイス
・キョトンとして見ていた子どもたちも、何度も目の前で繰り返されるとわかって、引っ張ってくれます。手が出てくるまで、根気よく繰り返してあげましょう。

発達Point!
微細運動
自分で指先を操る微細運動ができると、いろいろな遊びへと発展できます。

スキルアップ解説
子どもに合わせて
ハンカチのつまむ部分を多くしたり、少しにしたりと、その子に合ったレベルで調節してあげましょう。少なければ少ないほど指先を使わなければいけないので、すぐに「もういや」とならないためにも、見極めが大切です。

ちょこっとコラムで
じっくり理解!

遊びのからくりコラム 8

追いかける愉しさとハラハラドキドキ感が第一歩

　鬼遊びは、今も昔も子どもたちの大好きな遊びのひとつです。「追いかける」「逃げる」というのは、体を動かす愉しさの原点でもあります。しかし、幼児期において鬼遊びは、保育者がかかわらないとすぐに消滅してしまう遊びでもあります。2・3歳児においては、追いかけられることは恐怖を伴うことがありますから、まずは、〔P.143〕にあるように、**保育者が付けたしっぽを追いかけて取りに行くことから、始める**とよいでしょう。

　また、〔P.115〕の『ひげじいさん鬼』は、だんだん“♪あかおにさん”に近づいていくハラハラドキドキ感、この感覚がなんともいえないスリリングな味わいになります。保育者は子どもの気持ちに寄り添うことが大切ですから、**子どもたちを追いかけて捕まえそうになりながら、捕まえない**ようにしてください。実際に捕まえてしまうと、子どもたち全体が味わっていたイメージとしてのハラハラドキドキ感が損なわれて、トラブルが起きることもあります。

　このような経験を重ねた後で、〔P.157〕の『おイモ鬼』のようなふれあいやかかわり合いを愉しんで、**やがて、「追いかける」「逃げる」「かかわり合う」という鬼遊びの“名作”といわれる『氷鬼』へと発展させる見通し**を持ってください。

12月のテーマ

みんながいるから楽しい遊び

じっくりあそび
- 用具使用
- 基礎運動能力の向上にも配慮したゲーム性のあるものなど!

ちょこっとあそび
- 準備ゼロ!
- 時間が空いたとき、お集まりなどに最適

子どもの姿

ある日の鬼ごっこ
捕まえちゃうぞ〜〜
まて〜〜
うへへ〜
キャ〜〜♪!!
バタ
バタ
こっちだよ!
はやく〜
つかまるよ〜
てをつないでにげよっっ!
子ども同士のかかわりも増えたわね!
ん?
ま〜〜て〜〜
おにをやっつけろ〜
1対20に〜
ギャ〜
団結力が裏目に〜
ルール違うけどまあいっか
そんなときは
おまかせ!!

ちょこっとあそび 4・5歳

すぐ あそべるよ

ちょこっとジャンケンで遊ぼ

「ジャンケン」を遊びの中で使いこなせるようになり、保育者と子どもたち、さらには子ども同士のさまざまなやりとりへとつながる遊びです。

足でジャンケン

いろいろな動作につながるよ

1 見本を見ながらジャンケンの動きを覚え、保育者対子どもでジャンケンを楽しみます。

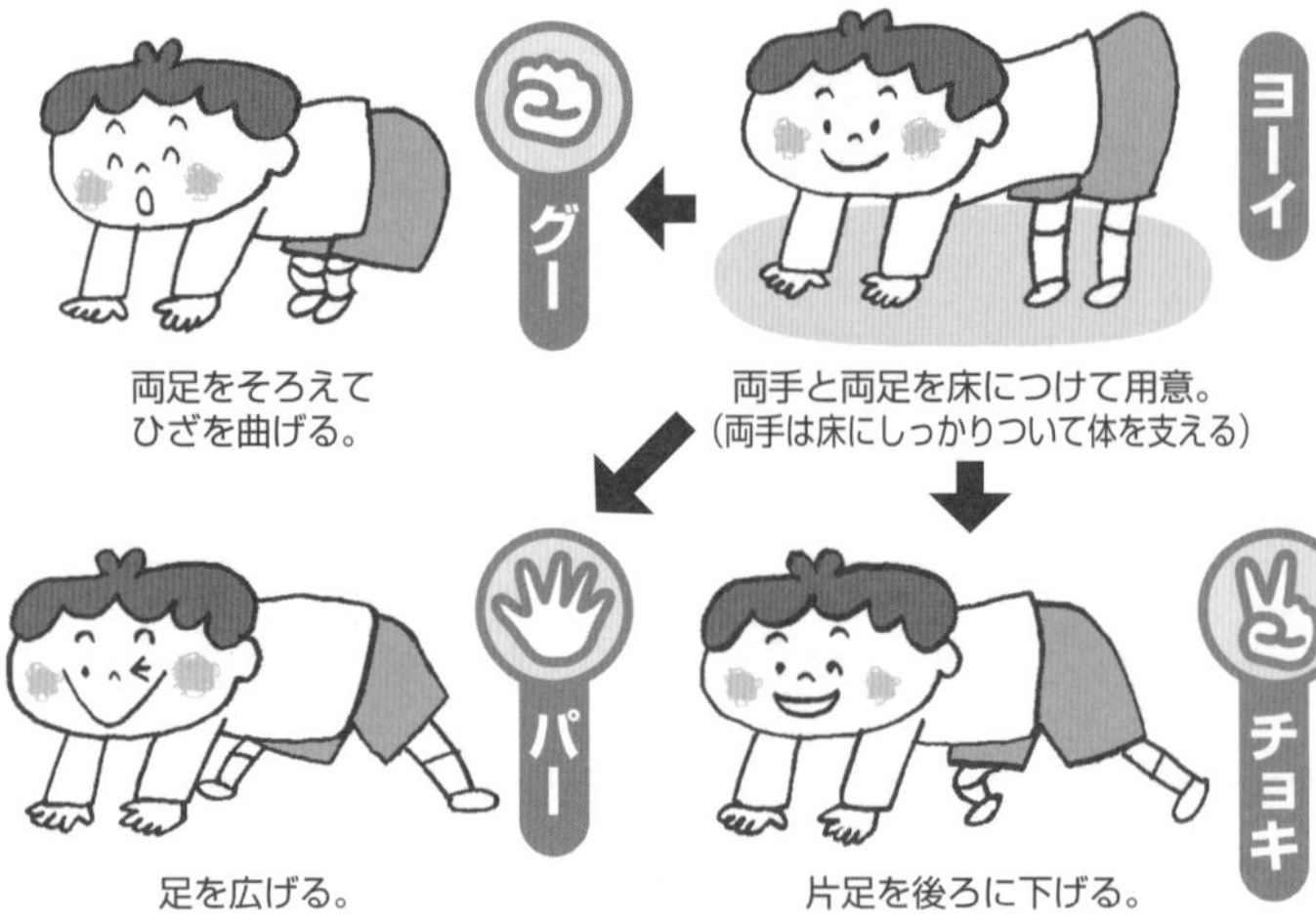
ヨーイ
両手と両足を床につけて用意。（両手は床にしっかりついて体を支える）
グー
両足をそろえてひざを曲げる。
チョキ
片足を後ろに下げる。
パー
足を広げる。

ジャンケンポン
チョキ
グー

発達Point!

支える力

体を支える力が遊びを通して身につきます。

遊びのアドバイス

・両手でしっかりと体を支えることが大切です。
・流れが理解できてきたら、ふたり組になり、子ども対子どもで行ないましょう。

2 ジャンケンのポーズが理解できてきたら、♪『アルプス一万尺』※のメロディーに合わせてやってみましょう。

♪「足をそろえて（グー）、片足さーげて（チョキ）、足をひらいて（パー）、ジャンケンポン！」で、いずれかのポーズを出します。

♪「ランラララ　ラララ…」の部分はそれぞれの動きをします。

ジャンケンポン！
♪かたあしさーげて

あいこ
座って手拍子。
パチパチ
パチパチ
負け
うつぶせで手足をバタバタ。
バタバタ
勝ち
スキップでお散歩。
繰り返す。

スキルアップ解説

継続して楽しむ

この遊びは、ジャンケンとその後の動きを楽しめるだけではなく、無理なく「体を支える力」も身につきます。このような「力」が身につくことで、遊びが充実したものになります。単発で終えるのではなく、一定期間継続して遊ぶことをおすすめします。

※『アルプス一万尺』作詞／不詳、アメリカ民謡

きらきらジャンケン列車

ジャンケンのチャンスがいっぱい

❶ ひとりずつバラバラでお散歩し、相手を見つけてジャンケンします。負けた子は、勝った子の後ろにつながって列車になります。

❷ ほかの列車とジャンケンし、負けたら先頭の子だけが、勝った列車の後ろにつながります。負けた列車につながっていた子たちは、両手を上げて「きらきらきら〜」と一回転して、ひとりずつバラバラになって、再び相手を決めてジャンケンします。

エンドレスで繰り返す。

発達Point!
好奇心
人とかかわろうとする好奇心が膨らみます。

発展
5人つながったら終了、というルールでも楽しみましょう。

5人になったチームはその場に座る。

遊びのアドバイス
・必ず勝ったとき、負けたときの見本を見せて説明しましょう。

スキルアップ解説
ジャンケンの回数が増える
負けても、後ろの子はまたジャンケンできる、というルールによって、ひとりひとりがジャンケンを経験する回数が多くなり、いろいろな相手とのやりとりが経験できます。そのため、子どもたちがジャンケンを通して「他者」とかかわろうとする好奇心が膨らみます。

関係性が深まる遊び

いっぱいあそぼう

この時期は、“みんないっしょ”の中でも小集団をたくさん構成することで、グループ内でのやりとり、グループ同士でのやりとりから、かかわり合いの密度が「濃い遊び」がうまれます。

3人ふれあいジャンケン列車

先頭勝利で勝負アリ!

導入

まずはひとりで

相手を決めてジャンケンをし、3つのパターンを楽しみます（どのパターンにするかはあらかじめみんなで決めておく）。

おイモ
勝ち
負け
うつぶせ
肩から足の先にかけて転がる
おウマさん
背中に乗る（5秒程度）
勝ち
負け
トンネル
勝ち
負け
くぐる

展開

3人列車になって

先頭同士がジャンケンをします（先頭で勝負が決まる）。チーム同士で3つのパターンを楽しみます。

かったー!!
ジャンケンポン!!
おウマさんになろう〜!
どうぞ
〜♪

同じグループ内で先頭を交替して、またジャンケンをしに行く。

発達Point!

体と心のかかわり合い

相手を意識しながら自分の力を発揮できるようになります。

スキルアップ解説

動きと感情のコントロール

ジャンケンを通してのかかわり合いだけではなく、その後の身体接触（くぐる、乗る、転がる）の部分にも大きな意味があります。友達の体の上に乗ったり、転がったりする経験を通して、自分の動き方を相手の体格や反応に合わせようとする力が生まれ、同時に感情をコントロールする力にもつながっていきます。

3人宝取りジャンケン列車

3勝で勝負アリ!

3人で列車をつくり、玉をふたつ持ちます。先頭同士でジャンケンし、負けた子は最後尾へ移動。同じチーム同士でどちらかのチームが3勝するまで行ない、勝ったチームは負けたチームから玉を1個もらいます。

準備 玉入れの玉たくさん、箱

3回勝つまでだよ〜

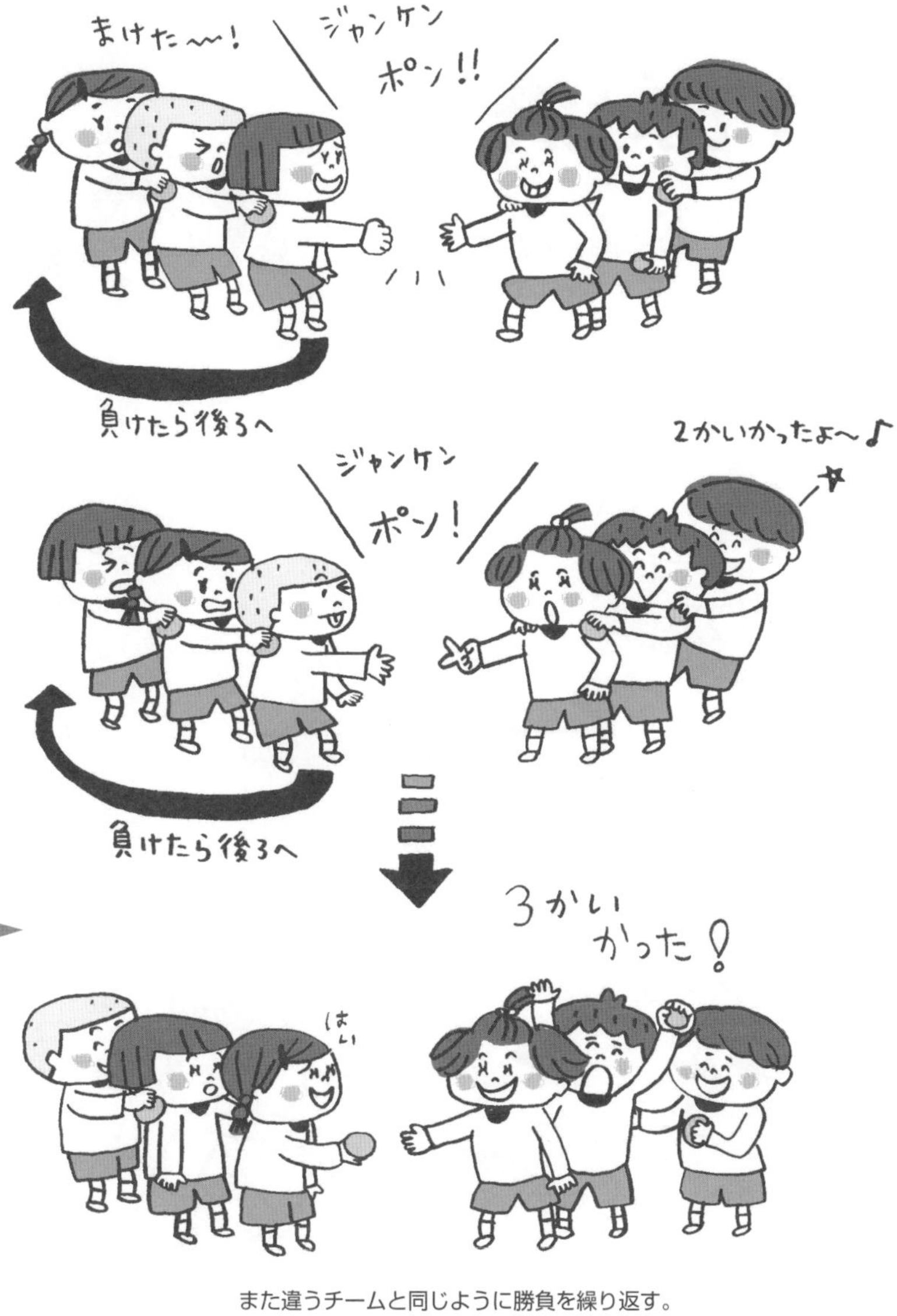
まけた〜〜!
ジャンケン
ポン!!
負けたら後ろへ
ジャンケン
ポン!
2かいかったよ〜♪
負けたら後ろへ
3かいかった!
はい

また違うチームと同じように勝負を繰り返す。

ポーズ!
はい

玉がなくなったら

「宝箱」のところに行って、3人そろって「ポーズ」(3人で相談して決める)。保育者から玉をふたつもらって復活。

発達Point!

数の理解

どっちが勝ち?
どうなったら勝ち?
を理解していきます。

遊びのアドバイス

・見本を見せながら説明しましょう。
・保育者は勝った数を指で示して「3回勝ったら…」ということを、ビジュアルで示して理解させましょう。

スキルアップ解説

「多い」「少ない」の理解

5歳前半ごろから、いろいろなものを比べて、どちらが多いか少ないか、ということがわかり始めます。このような遊びの中から、子ども同士で伝え合いながら理解していくことも大切です。

ちょこっとあそび 2・3歳

先生対 子ども全員で対決!

保育者との信頼関係が十分に築かれ、子ども同士の「仲間意識」も芽生え始める時期です。保育者が遊びの「中心」となることで、みんなで力を合わせること、みんなで逃げたり追いかけたりすることに夢中になれます。

おしりぺんぺん&おへそこちょこちょ

みんなで逃げて、みんなで追いかけよう!

おしりぺんぺん

保育者は「先生はおしりぺんぺんマンだよ~」と言って、四つんばいになります。「みんなはおウマさんになって逃げてね」と言って、両手で顔を隠して5秒数え、ゆっくりと子どもたちの動きを見ながら追いかけます(10秒間)。

おへそこちょこちょ

「次はおへそをこちょこちょするよ~」「おしりスリスリで逃げようね」と見本を見せながら、また5秒数えておしりスリスリで追いかけます(10秒間)。

発達Point!

自制心の芽生え

立ち上がって逃げたりしないというルールから、自制心も生まれます。

「次はおしりかな? おへそかな? お、お、お、おへそ!」などフェイントも入れながら進めます。10秒で必ずストップし、また始めから繰り返す、という見通しを持たせましょう。

遊びのアドバイス

- まずは、逃げるときの動きを理解させましょう。
- 「10秒」数えながらゆっくり追いかけ、捕まえても実際におしりをたたいたり、こちょこちょしたりしないようにしましょう。

スキルアップ解説

自我も受け止めながら

まだまだ自我が強い子どもたち。でも、集団の中でルールのある遊びを体験することで、無意識のうちに「自制心」の種がまかれています。ただし、強制は禁物です。思わず立ち上がって逃げたり、逆に抵抗したりしてくる子どもがいても、笑顔で受け止めましょう。

お好み焼きをひっくり返して

先生だから安心して力をいっぱい出せるね

保育者はうつぶせで寝ます。「先生はお好み焼きになりました～」「ゼロ！　と言うまでにみんなでお好み焼きをひっくり返せるかな」「よ～いドン！」で子どもたちは保育者をひっくり返そうとします。

10秒数えてストップ（必ず最後はひっくり返される）。

発達Point!

集団性

子ども同士の「つながり感」が芽生えてきます。

遊びのアドバイス

・服や髪の毛は引っ張らないことを伝えておきましょう。

スキルアップ解説

つながり感の芽生え

保育者と対決することが目的ではなく、対決を通してひとりひとりが力を発揮し、子ども同士がつながり感を感じることが目的です。保育者を中心とした、集団性のある遊びに夢中になることで、子ども同士（集団）のつながり感がしぜんと芽生えていきます。

友達とのかかわりを楽しむ遊び

「みんなでいっしょに」という遊びから、「ふたりであれこれ」というかかわり合いの要素が含まれるルールも、楽しめるようになってきます。子どもたちが、しぜんとゲームにかかわり合えるようなルールづくりや配慮が大切です。

ふれあい遊び　イスでペア

しぜんとペアができるね！

準備

イス（人数分）
ふたつセットで円形に並べる（隣のイスとは少し離す）。

① ピアノに合わせて円の中をランダムにお散歩し、「ストップ」の合図でイスに座ります。

何度か繰り返し。

遊びのアドバイス

・ストップの合図からイスに座るまでは、せかさずに自分なりに考えたり葛藤したりする時間（間合い）を取ってあげましょう。

② 全員がペアで座れたら、隣に座った友達と、みんなで合わせてふれあい遊びをします。

1 あくしゅ

右手で「あーくしゅ　あーくしゅ　あくしゅでこんにちは」左手で「あーくしゅ　あーくしゅ　あくしゅで　よろしくね」

2 パチパチトントン

自分で2回パチパチ、相手と手を合わせ、2回トントン。

発達Point!

自制心

相手と合わせる遊びの中で、自制心が芽生えます。

3 押し合い

両手を合わせて5秒押し合い。

4 さようなら

立ち上がって両手で「あーくしゅ　あーくしゅ　あくしゅで　さようなら」で、また①から繰り返す。

スキルアップ解説

相手に合わせる気持ち

一定のルール（パターン）を繰り返すことで、友達とのかかわり合いの中から、がまんしたり相手に合わせようとしたりする意識が芽生えてきます。

ふれあい遊び　フープでペア

ふたりでひとつのものを共有できるかな?

準備　フープ（人数の半数）

ふたり組になって手をつないで座り、フープをふたりにひとつ配ります。ふたりでふれあい遊びを楽しみます。

ふたりで1個だよ

シーソー

フープを持ってシーソー。

クルクル

座ったまま横にクルクル。縦にもクルクル。

発達Point!

ふたりでひとつ

1個の道具をふたりで共有する経験をします。

電車

電車になったら、保育者が先頭になって一方通行で回り、ストップの合図で止まって先頭を交替します（見本で示す）。交替したら、また出発。

出発～
ストップ!
交替だよー
はい!

相手を変えて「シーソー」「クルクル」「電車」を繰り返す。

遊びのアドバイス

- 見本を見せて、それぞれGO&STOPを意識しながら何度か繰り返します。
- 同じパターンを繰り返す中で、子ども同士のやりとりを見逃さず観察しましょう。

スキルアップ解説

いっしょに使う

ふたりで1個の道具を使うときは、ふたりともずっとフープに触れる動きであることがポイントです。どちらかの子の手がフープから離れることもありますが、離れても「ふたりでひとつ」は変わりません。そのことを受け入れるためには、十分にふたりでひとつのものを「いっしょに」使いながら遊び込むことが大切です。

ちょこっとあそび 1歳

音で遊ぼう！

見たり聞いたりしたことが、すぐにまねできるようになるころです。歌や音楽に合わせてリズム遊びをしてみましょう。簡単なリズムならすぐに理解でき、かわいい音楽家に変身しますよ。

太鼓の音はど〜ん、とんとん

どこでもカンタン太鼓たたき

向かい合って♪『大きなたいこ』※を歌いながら遊びます。

♪「大きなたいこ どーん どーん」のときは手のひらでたたく。

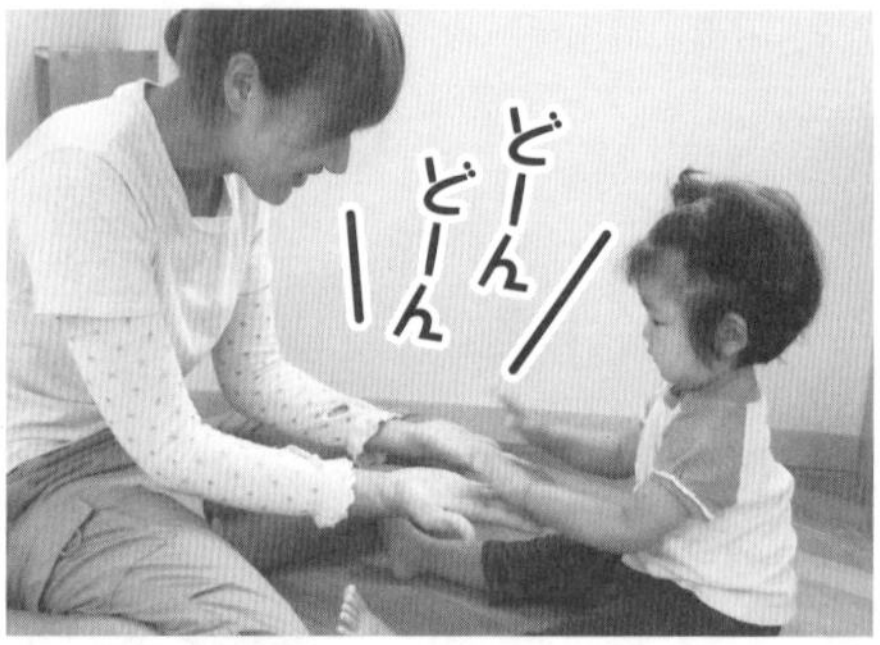

♪「小さなたいこ とん とん とん」のときは指1本でたたく。歌をうたいながら手のひらと指を使い分けます。

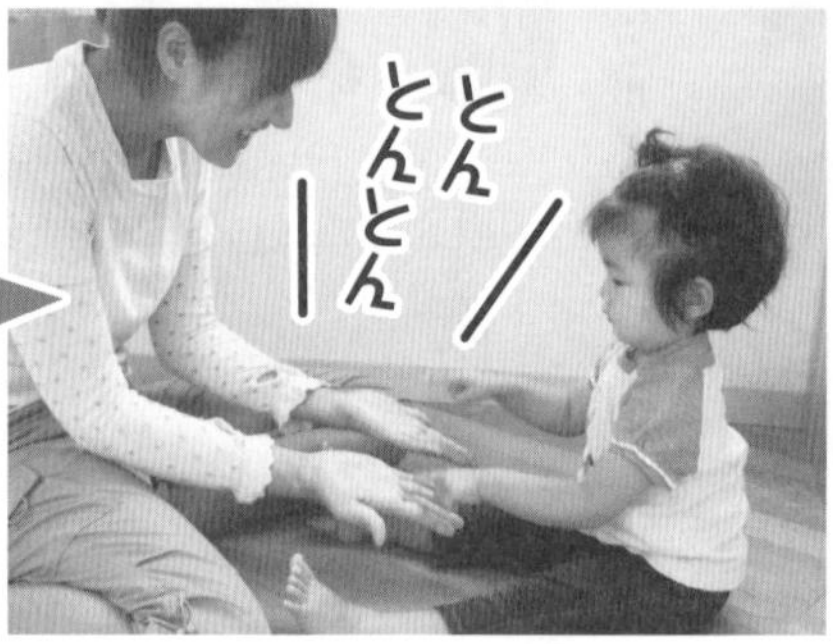

遊びのアドバイス

- 強弱をつけながら楽しく行ないましょう。
- 最後を「とんとん」と小さく歌って終わると、次の動きへの準備ができます。

発達Point！

力をコントロール

「強弱」を使い分けることで力がコントロールできるようになります。

スキルアップ解説

「弱く」を覚える

強くたたくのは簡単ですが、「弱く」たたくのは、力をコントロールしないといけないので意外と難しいです。何回も繰り返すうちに上達してくるでしょう。テーブル・棚・扉などをたたいてみたり、ひざ・頭・おなかなどでやってみたりしてもおもしろいですよ。

※『大きなたいこ』作詞／小林純一、作曲／中田喜直

マラカスマンの登場だ！

シャカシャカいい音、鳴らせるかい？

準備 乳酸菌飲料などの空き容器で作ったマラカス、太い幅のゴム

手作りマラカスを持って振ったり、ゴムで手首や足首に巻いて鳴らします。マラカスマンのでき上がり！

遊びのアドバイス

- 座ると、足首も振りやすくなります。

発達Point！

左右の違い

遊びながら左右の違いが理解できていきます。

スキルアップ解説

部位で音を変える

マラカスの中身を変えて、部位によって音が違うものを付けておくと、部位が理解できているか、できていないかが音の違いでわかります。保育者は楽しく遊びながら、子どもの理解度も把握できますよ。

輪っかで遊ぼう！

大小の輪っかで遊ぶことにより、それぞれの大きさでの操り方が学習できます。少し難しいくらいが、やる気につながります。

リングを通して、回してジャンプ

道具の組み合わせで楽しさアップ

準備 棒、パフリング

保育者は、棒を子どもの頭の高さにして持ち、子どもはパフリングを1個ずつ持って棒に入れます。

全部棒に通したら、保育者は少し棒を持ち上げてパフリングをグルグル回します。子どもは手を伸ばしたり、ジャンプしたりしてタッチ！

ある程度したら、棒を斜めにして一気にパフリングを落とし、また繰り返す。

発達Point!

操作性

1歳児なりにパフリングを使いこなすことで、手の操作性が育ちます。

遊びのアドバイス

・棒の高さをうまく調整しましょう。子どもが届きそうで届きにくい高さがおもしろいのです。
・棒の先が子どもの顔などに当たらないように気をつけましょう。

スキルアップ解説

手の発達

物をつかむ、それをまた違う物に入れる、さらに全身を動かすなど、道具と密着した状態での手の操作性が豊かになってきます。

フープで輪投げ

先生の反応も楽しいね

準備 フープ

保育者はしゃがんで「いないいない」のポーズをします。子どもは輪投げのようにフープを保育者の頭から入れます。入ったら「ばあ！」と両手を開いてリアクション。

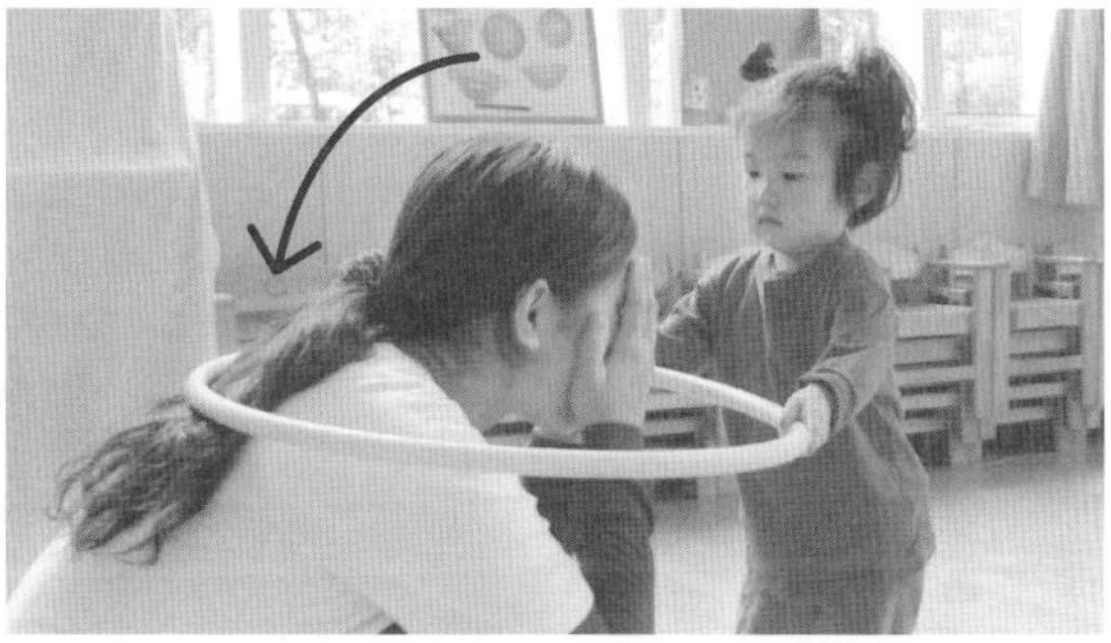

遊びのアドバイス

・反応がよければ、何度も繰り返して遊び込みましょう。

発達Point!

動作と反応

自分で動いたり、保育者の反応を見たりして楽しめるようになります。

フープは保育者が転がしたり、回してあげたりなど、子どもの興味に合わせて渡してあげましょう。

スキルアップ解説

信頼関係があるから楽しめる

自分の動作と保育者のリアクションがセットになって、ひとつの遊びとして成り立っています。保育者との信頼関係（やりとり）があればこそ、楽しさが膨らむ遊びです。

4月
5月
6月
7月
8月
9月
10月
11月
12月
1月
2月
3月

よちよちタイプのあそび

0歳

つかまって遊ぼう

棒にぶら下がったり、フープにつかまって引っ張られたりして、
「つかむ」「つかまる」という本能的な動作を生かして楽しむ遊びです。

しっかりつかまって!

おサルさんになれるかな?

準備 子どもが握れる太さの棒(折れない硬さなら何でもよい)
マットやクッションなど

保育者ふたりで棒を持ち、子どもに握らせます(下にマットを敷いておく)。ゆっくりと棒を持ち上げ、足が浮いたら「1、2、3」と数えます。

しっかり
つかまってね

1、2、3!

できない子には、保育者がおしりを持ち上げて、ぶら下がる感覚を理解させてあげましょう。

遊びのアドバイス

・一瞬でもできたらOK! 時間の長短を問わず、ぶら下がれたことを認めてあげましょう。
・声をかけながら少し揺らしたり、上下したりすると、また新たな反応が見られるでしょう。

発達Point!
粘り強さ
何回もやろうとする気持ちが芽生えます。

スキルアップ解説

持続する力が生まれる

ひとつの動作でも少しずつ「粘り強さ」(持続力)が見えてきます。ただし、道具を介して、また保育者の支えや励ましによって、その力が生み出されます。

フープにつかまってズルズルズル

引っ張られるって楽しいな

準備 フープ

うつぶせで寝ている子どもにフープをしっかり握らせ、ゆっくりと引っ張ります。

ズル
ズル〜

曲がり
まーす!

しっかり握れている子は、カーブしたり止まってみたり、変化をつけてもいいでしょう。

遊びのアドバイス

・体が浮き上がらないように慎重に引っ張りましょう。
・すぐ手を離してしまう場合は、止まってまたつかませてあげるようにしましょう。
・無理な場合は、フープ抜きで手をつないでしてあげるといいですよ。

発達Point!
つながり感
物を介して人とのつながりが感じられます。

スキルアップ解説

つながりが強まる

自分がフープをつかんでいることと、保育者が引っ張っていることがつながってこそ、体が引っ張られる感覚が楽しめる遊びです。保育者と子どもの見えない心のつながりも強くなっていきます。

つまんで遊ぼう

遊びに集中できるということは、何事に対しても「持続する力」がついてきている証拠です。後々の成長にも影響する「持続力」を伸ばすために、根気よく遊べるよう促してあげましょう。

たくさん 引っ張れ～

指先使って引っ張って

準備
洗濯バサミ

保育者の服にたくさん洗濯バサミを付け、それをひとつずつ取って遊びます。理解できたら、子どもの服にも付けてあげましょう。

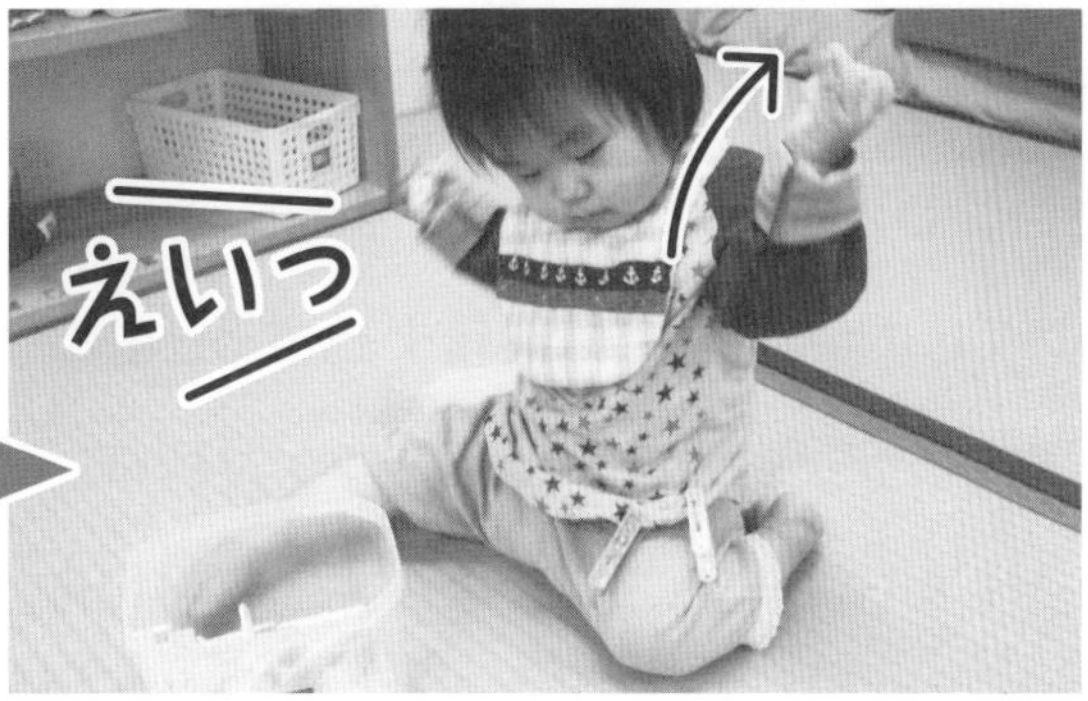

発達Point!
指先の力
手のひらで握る→指先で握る行為へと移行していきます。

遊びのアドバイス
・見本を見せてから、次は手を添えて引っ張ってみます。繰り返すうちに理解し、自分から引っ張るようになります。

スキルアップ解説
難しさも楽しさになる
子どもの服に付けるときは、初めはすそのほうからがいいでしょう。顔に近づくほど難度が増します。子どもたちは一生懸命うつむいて取ろうとしますよ。

せーので、ポン

両手でうまく引っ張って

準備
太さの違うホース
短く切ってつなげておく。

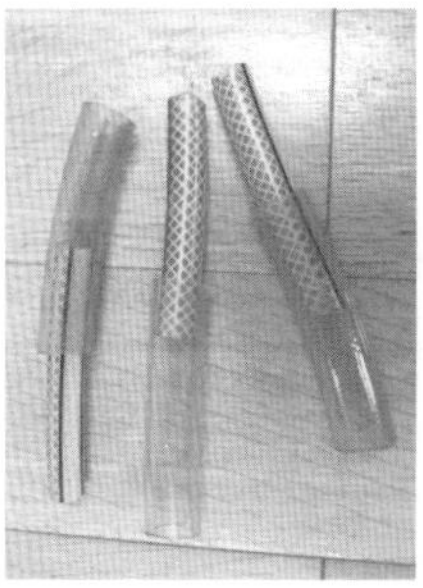

ホースをつなげたものを、どんどん外します。

発達Point!
手の発達
右手と左手の距離感が取れるようになってきます。

遊びのアドバイス
・目の前で見本を見せてあげると、まねをして引っ張ろうとします。
・うまくできたらたくさん褒めてあげましょう。

スキルアップ解説
ひとりで遊べるように
外し終わると、「また差し込んで！」とおねだりしてきます。そこでいっしょにやって、差し込むことも教えてあげましょう。「外す・差し込む」ができると、ひとりでも十分に遊べるのです。

ちょこっとコラムでじっくり理解！

遊びのからくりコラム 9

“既成の遊び”にかかわり合う要素を盛り込んで

〔P.123〕の『きらきらジャンケン列車』は、従来からある『ジャンケン列車』を独自にアレンジしたもので子どもたちには大好評です。従来からある『ジャンケン列車』は、長々と連なる愉しさは味わえますが、ジャンケンを愉しめるのは、勝ち続けている子どもだけです。初めに負けてしまった子どもは最後まで、ずっと前の子どもの肩に手を置いて後をついていくだけです。ところが『きらきらジャンケン列車』では、先頭の子どもが負けると連なっていた子どもたちは一斉にバラバラ（きらきら）に散って、新たにジャンケンをする相手を探さねばなりません。ジャンケンをするタイミングも決まっておらず、それぞれが新たな相手を見つけるために動き回り、まさに適当なタイミングでジャンケンをするので微妙な協調の精神が求められます。そこでは**絶えず小さな“とまどい”が生まれ、この“とまどいの経験”がかかわる力と深く結びついている**といえるでしょう。〔P.36〕の『遊びのからくりコラム②新・イス取りゲーム（従来の方法を見直し）で味わうかかわり体験』でも言及しましたが、このように、これまで慣れ親しんだ既成のゲームを“かかわり合い”が深まるようにルール（遊び方）を幼児向けにアレンジすることもまた、保育者の専門性であることをご理解ください。

1月のテーマ

しっかり動いて仲間意識が深まる遊び

じっくりあそび
- 用具使用
- 基礎運動能力の向上にも配慮したゲーム性のあるものなど!

ちょこっとあそび
- 準備ゼロ!
- 時間が空いたとき、お集まりなどに最適

子どもの姿

ある日の 氷鬼
おに だぞうー!
カチーン
タッチ
タッチ
コチーン
キャー
カチーン
コチーン
エッ。。。 きづけば ボクひとり…
じりじり…
←つよしくん
あっという間に氷の山!!
いつもは すぐタッチされるのに…
つよしくん がんばれ!
はわわわ
つよしくん たすけてー
ファイト!!
おまえならできる!
つよしくーん
みんなのため
ファイヤー
タッチ
タッチ
やった!
タッチ
ビューン
すごいわ! つよしくん!
みんながいると大きな力に!
もっと仲間の力を感じられる遊びがほしい!
そんなときは
おまかせ!!

ちょこっとあそび 4・5歳

よく見てよく聞いて すばやく反応して

この時期の子どもたちは、遊び方やルールが理解できると、自分なりの工夫もできるようになってきます。

パチパチゲーム

先生の動きをよーく見て…すばやく反応!

保育者は両手を伸ばし、上下に動かします。手が重なったときに、子どもたちは、1回手をたたきます。

発達Point!

判断の速さ
目で見た情報をすぐに行動へ移せるようになります。

ずっと重なっているときは拍手。

フェイント

理解できてくれば、スピードを速くしたり遅くしたり、変化をつけます。フェイントをかけるときは、「フェイントをしている」ようすが、はっきりわかるようにめりはりをつけましょう。

遊びのアドバイス

- 初めはテンポよく行ない、やり方を理解させます。
- どのタイミングでフェイントを入れてテンポに変化をつけるのか、子どもたちの反応をよく見ながら進めることが大切です。

スキルアップ解説

遊びを自分のものに

保育者のすばやい動きにも対応できる力(神経系の分化の充実)が身につくことによって、遊びを「わがもの」にできるようになっていきます。

ぱっちんタコタイ

ドキドキ・ワクワク　一瞬のやりとりを楽しむ

展開1

❶ ふたり組で向かい合って座り、「タコ焼き」と「タイ焼き」役を決めます。両手を前に出し、相手の手と交互になるようにします（手はくっつけない）。

❷ 保育者「タタタタ……タコ焼き！」
タコ焼きの子が両手をパチン。タイ焼きの子は手をたたかれないように上か下に動かして逃げます。

「タタタタ……タイ焼き！」のパターンも入れて、何回か繰り返す。

展開2

リズムに合わせて

「タコ焼き、タイ焼きどっち食べよう？　こっちかな？　こっちかな？」「タタタタ……タコ焼き！」と、同じように繰り返します。

発達Point!

切り替えの速さ

とっさに判断できる力が身につきます。

遊びのアドバイス

・やり方を理解するために、初めはフェイントはせず、「次はタコ焼きって言うからね」と「言葉」と「動き」の説明をセットにして進めましょう。

スキルアップ解説

頭の切り替えが速くなる

「自分である」「自分ではない」という、逆のことも瞬間的に判断して、すばやく反応できる力が身についてきます。動きとともに頭の切り替えも速くなってきます。

頭で考えながら体を動かす集団ゲーム

よく見て考えて判断し、さらに子ども同士でやりとりをかわして…、というように、子ども同士の関係性が豊かになってこそ、楽しめる遊びです。

ひっつき鬼

すばやく判断する力がおもしろさにつながる

展開1

ふたり組になって横並びで座ります。保育者は何人かに、別の組の子の横に移動するよう声をかけます。

ふたり組の隣に、ひとりの子が並んで座ったら（3人横並びになったら）真ん中の子が飛び出し、別のふたり組の横に座りに行く。

展開2

鬼を入れて

理解できてくれば、保育者が鬼役で登場し、移動しようとしている子を追いかけます（追いかけるだけで捕まえない）。慣れてきたら子ども3人を鬼役にして、30秒ずつで交替。

遊びのアドバイス

・初めに移動のしかたを説明しましょう。
・部屋の広さと全体の人数に合わせて、鬼の数と座っている子どもの数のバランスを調節しましょう。

発達Point!

状況を読み取る力

瞬間的にさまざまなことを読み取れるようになります。

スキルアップ解説

状況に応じて行動

空いているところ、座れるところはどこか、だれが鬼か、座っていていいのか、出て行くのか…と、場面や状況がめまぐるしく変化しても、そのつど状況に合った判断や行動ができるようになってきます。

お助けマンを探せ!

頭で考え、仲間を意識しながら葛藤するゲーム

展開1

全員でランダムに動き、相手を決めてジャンケン。負けたらその場に座ります。保育者は「お助けマン」になり、負けた子にタッチ。タッチしてもらったら復活!

展開2 チームで対戦

2チームに分かれて、相手チームの子とジャンケン。同じルールで行ないます。

展開3 子どもがお助けマンになって

各チームひとりずつ、相手チームにはないしょでお助けマンを決めます(お助けマンにタッチしてもらったら復活)。このとき、お助けマンはジャンケンに加わりません。

展開4 お助けマンもジャンケンに加わって

次は、お助けマンもジャンケンに参加。お助けマンが負けるとそのチームは復活できないことになります。全員座ったチームが負け。

発達Point!

受け入れる力

勝ち負け、期待と落胆を受け入れていきます。

遊びのアドバイス

・ひとつひとつの展開をやり込むことが大切です。

・どうすればお助けマンがアウトにならないか、どうすれば相手のお助けマンを見つけ出せるかということを、子どもたちが気づけるように、ヒントを投げかけながらかかわっていきましょう。

・スペースは、人数が多ければ狭く、人数が少なければ広く設定することが盛り上がるポイントです。

スキルアップ解説

経験から生まれる粘り強さ

この遊びは自分だけがいくらがんばっても勝てないルールになっています。ジャンケンという偶然性の要素が含まれているだけに、みんなにチャンスがあり、どんな状況であっても最後まで結果はわかりません。状況によって期待が膨らんだり、がっかりしたりと、いろいろな感情を体験できます。これらをすべて受け入れることができれば、最後まであきらめないという粘り強さも生まれてきます。

ちょこっとあそび 2・3歳

みんなの力やつながりを感じる遊び

すぐ あそべるよ

みんなでいっしょに力を合わせると大きな力になり、また動きを合わせることで、気持ちのうえでもつながり感を実感することができます。

先生レスキュー

みんなで先生を引っ張ろう

❶ 子どもたちは座り、その前に保育者はうつぶせで寝て「みんな、助けてー」と、川でおぼれているようなジェスチャーをします。

みんな、助けて〜〜〜

❷ 子どもたちは保育者の手や友達の腰などを持ってつながって引っ張ります。ある程度引っ張れたら保育者は「みんなありがとう、助かったわ」と、握手やハグをして喜びます。

よいしょ
よいしょ

ぎゅう♡
みんな ありがとう

また「みんな助けてー」から同じように繰り返す。

遊びのアドバイス

- 床が滑りにくい場合は、保育者は少しずつ自力で前に進むなどしてもいいでしょう。
- 服を引っ張るのではなく、しっかり体を持つことや友達同士でつながって引っ張ることを伝えましょう。

発達Point!

体と心の力発揮

自分の力を発揮しながら、みんなの力を感じられるようになります。

スキルアップ解説

がんばる意欲が生まれる

ひとりひとりが十分に力を発揮し、さらにみんなで力を合わせる経験は、つながり感を感じられるだけではなく、「みんなのために自分ががんばろう」という意識が生まれてきます。

みんなでなべなべそこぬけ

クラス全員でする『なべなべそこぬけ』

♪『なべなべそこぬけ』※をまずはふたりで楽しみます。順に4人→8人と人数を増やして行ないます。くぐれて外向きになったら成功。

次は全員で円になります。「♪そーこが抜けたらAくんから入りましょ」で、保育者は隣の子ども（Aくん）を指名し、Aくんは保育者とつないだ手の間からくぐります。

外向きになったら、次は「Aくんからかえりましょ」で、先ほどと同じトンネルから、後ろ向きで出て行く。全員がくぐれて元に戻ったら、次は保育者が移動して、違うところからくぐれるようにする。

発達Point!

つながる喜び

みんなでつながって行なうことで、新たな喜びが生まれます。

遊びのアドバイス

・手が離れないためにはどうすればいいか、子どもたちと相談してみましょう。

・失敗する経験も大切です。繰り返し行ないましょう。

スキルアップ解説

自制心の発揮とつながり感

集団という環境と、みんながつながれる遊びによって、自制心を少しずつ発揮できるようになります。さらに仲間とつながる喜びやおもしろさをどんどん理解してほしいですね。

※『なべなべそこぬけ』わらべうた

イメージや動きで鬼ごっこを楽しむ

手遊びでのやりとりや、ポーズを決めることを楽しみながら、「逃げる」ことが楽しいと感じられる鬼ごっこふうの遊びです。

いっぱいあそぼう

グーチョキパー鬼

安心感とドキドキ感を交互に味わえる

準備
マット数枚(ラインを引いてもよい)

1 マットを対面に置き、子どもたちと♪『グーチョキパーでなにつくろう』※の手遊びをします(「チョウチョウ」や「カニさん」などオーソドックスなもの)。

2 保育者は「右手は1で、左手も1で、鬼さんだ～」で鬼に変身。子どもたちは反対側のマットに逃げ、保育者は追いかけます(捕まえない)。

きゃー
鬼さんだ～
にげろー!

またマットに戻って繰り返す。

遊びのアドバイス

・鬼は「捕まえない」ことが前提です。
・「右手は1で…左手はグーで、タコ焼ーき」など、慣れてきたらフェイントをしてみてもいいでしょう(ただし十分にやり込んでから)。

スキルアップ解説

習熟度を見極める

フェイントがわかる(楽しめる)ようになるには、十分に同じパターンのやり込みが必要です。子どもたちの習熟度合いを見極める保育者の「目」が大切になってきます。

発達Point!

積み重ねが大切

同じパターンの繰り返しが遊びを深めます。

※『グーチョキパーでなにつくろう』フランス民謡、訳詞/斉藤二三子

しっぽ取り

取るのも逃げるのも楽しい

準備
縄　ひとり1本＋予備10本ほど
逃げるスペースを決めておく。

❶ 保育者はしっぽ（縄）をたくさん腰に付け、子どもたちは保育者を追いかけ、しっぽを1本ずつ取っていきます。保育者は程よく取られながら逃げ、しっぽを取る楽しさを経験させましょう。

全部取られたらおしまい。また腰に付けて、何度か繰り返す。

❷ 「しっぽを付けたい」という子が出てきたら、どんどん付けてあげて、保育者対子どもたちでしっぽの取り合いをします（子ども同士は取り合わない）。

しっぽを取られた子は
予備のしっぽを付けて復活。

遊びのアドバイス

・保育者は、本気で追いかけたり逃げたりせず、急な方向転換やスピードの変化をつけないようにしましょう。
・ある程度全体が同じ方向に動くよう流れをつくるほうが、子どもたちも安心して楽しく逃げられます。

発達Point！
**ごっこ→
ルールのある
遊びへ**
徐々にルールを理解し、
受け入れられるように
なっていきます。

スキルアップ解説

楽しさからルールの理解へ

しっぽを取ること、逃げること、ひとつひとつの遊びが「楽しい」と感じられることが大切です。ルールが主役になってしまってはいけません。子どもたちは、楽しいと感じる経験を十分に積み重ねることで、ルールを理解し、受け入れることができるようになるのです。

ちょこっとあそび

脳を刺激する 指先を使う遊び

1歳

すぐ あそべるよ

指先の微細運動は、地味な遊びに見えてしまいます。でも、指先を使うことは、脳を刺激するための大切な活動なのです。脳を活性化させるためにも、指先を使う遊びを多く取り入れましょう。

ぱっちん 洗濯バサミ

じょうずにできるかな?

準備
洗濯バサミ、ボール紙などの厚紙

保育者が洗濯バサミをボール紙に付けていきます。子どももまねをしていっしょに付け、たくさん付けたら「せーの」の合図で引っ張って取ります。

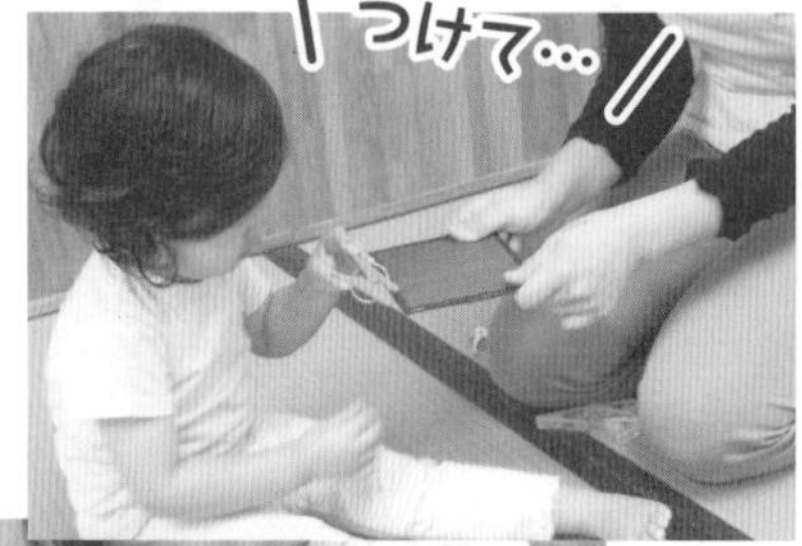
つけて…

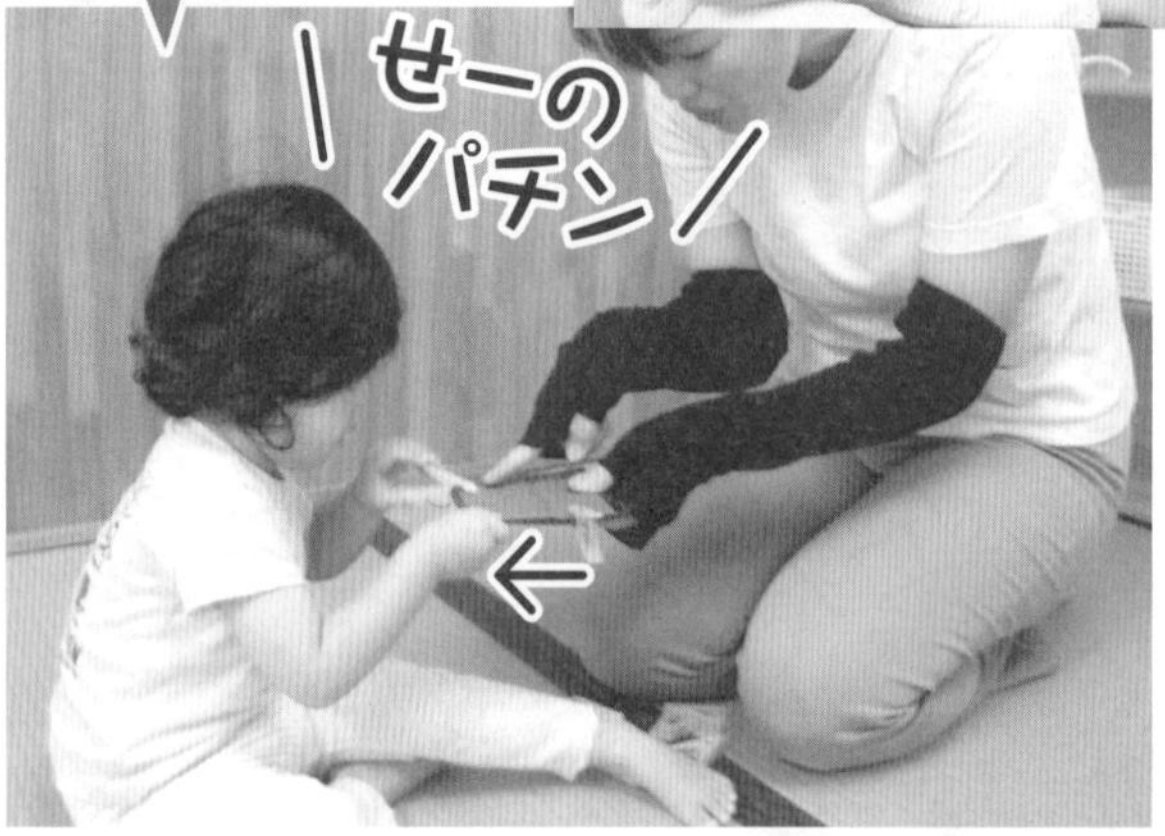
せーの パチン

発達Point!
微細運動
微細運動をすることが脳の活性化につながります。

遊びのアドバイス
・難しい子にはいっしょに手を添えてあげましょう。
・「できたね」と喜んであげると、飽きずに集中して遊べますよ。

スキルアップ解説
服に付けて挑戦
慣れてきたら、挟むものをボール紙などの硬いものから、自分や保育者、友達の服などに変えて徐々に難易度を上げていきましょう。

あっちからこっち こっちからあっち

小さなものもつかめるかな

準備
口に入れても問題のない大きさの玩具(幅3.9㎝以上のものだと誤飲できないので安全)、カップやお皿　など

玩具をカップの中からひとつずつ出し、もうひとつのカップに移していきます。全部移し終えたら、また、もう一方にひとつずつ移していきます。

こっちに 入れる…

遊びのアドバイス
・口に入れても問題のない大きさの玩具を選んだり、事前に数を数えたりして、子どもたちが安全に遊べるよう細心の注意を払いましょう。

発達Point!
指先を使う
頭も使って指先を動かせるようになります。

スキルアップ解説
色も覚えられる
移動が簡単にできる子には、色によって移すところを変えるなど、難易度を上げてみましょう。指先を使いながら色の認識もできるので楽しさが広がりますよ。

じっくりあそび 1歳

いっぱいあそぼう

縄でいっしょに遊ぼう

縄の特性をいかしながら、子ども同士が縄を通してつながり合ったり、おもしろさや楽しさを同時に感じ取れたりするような遊びです。

縄で電車ごっこ

つながる楽しさがわかるね

準備 縄

保育者と子どもで縄を使って、電車ごっこをします。「シュッシュッ！　ポッポー！」と掛け声をかけたり、音のまねをしたりして、電車の楽しい雰囲気をつくりましょう。

シュッシュッ！
ポッポー！

発達Point!
つながる楽しさ
子ども同士、互いの存在を意識し始めるようになります。

遊びのアドバイス
・子どもは2、3人いっしょでもいいですし、縄を長くして、みんなでつながってみてもいいでしょう。子どもの主体性や意思を大事にしましょう。

スキルアップ解説

友達と楽しさを共有

ひとりひとりが自分の遊び方で楽しむ世界から、友達といっしょに遊びの楽しさを共有できるようになってきます。保育者が遊びの中心となりながら、子ども同士がつながり合える場面を設けていきましょう。

縄の波を行ったり来たり

縄っていろいろなものになるんだね

準備 縄、タオルなど

縄を保育者ふたりで持ち、揺らして波を作ります。子どもたちは跳び越えるか、またいで遊びます。

ジャンプするぞ〜

発達Point!
動作の発達
跳ぶ、くぐる、またぐといった全身の運動ができます。

次は、縄をピンと伸ばしてトンネルくぐりをしたり、縄を少し高めに持ってタオルなどを掛け、ジャンプして取ったりします。

えいっ

遊びのアドバイス
・跳び越えたりくぐったりする姿を、実際に見せてあげましょう。

スキルアップ解説

動作の発達と遊びの広がり

全身を使った動作がさらに充実・拡大して、姿勢のコントロールや、「跳ぶ」などのみずから力を生み出していく動きもでき始めます。動作の発達と遊びの広がりは、まさにリンクしているといえます。

手を使って縄で遊ぼう

縄はいろいろな形に変化します。また、縄をいっしょに持つことで、縄の感触や動かす感覚を保育者と共に味わうことができるでしょう。

にょろにょろヘビさん出てきたよ

あれれ、なんだろう？

準備 縄

保育者が縄を丸めて手や服の中に隠します。縄の先を15㎝程度出しておき、子どもに「これなんだろう？」「ヘビさんかな？」というように、興味を持たせます。

子どもが縄の端をしっかりつかんだら、子どもが引っ張るか保育者が少しずつ離れます。縄が全部出てきたら「ヘビさんだ～」

発達Point!

意図と動作のつながり

つかんだら引っ張るというように、動作がつながってきます。

スキルアップ解説

つかむ→引っ張る動作へ

子どもは興味を持ったものには本能的に近づき、触ろうとします。そして、さらに「つかむ」から「引っ張る」という動作へとつながることで、遊びとして成り立っていきます。

遊びのアドバイス

・子どもが自発的に興味が持てるように、うまく誘いかけることが大切です。
・興味を示さない場合は、言葉や表情と共に、縄に動きをつけてみましょう。

ゆらゆらぐるぐるピーン

縄の動きっておもしろいね

準備 縄

保育者のひざに子どもが座り、向かい合って座ります。子どもに縄の端を持たせて、保育者は子どもの手首を持ってサポートしながら「波(縦、横)」を作ったり、回したり、引っ張り合いっこをしたりします。

発達Point!

操作性の充実

持ったまま○○するといった動きができるようになります。

スキルアップ解説

できる動きが増える

縄を持ったまま、離さないでいろいろな動かし方ができているかが、発達の見極めのポイントです。物を持ったまま動かせるようになると、少しずつ操作性も豊かになります。

遊びのアドバイス

・縄を離してしまう子には、握った手を保育者が優しく覆うようにして、いっしょに持ってあげましょう。
・自分で回したり引っ張ったりできている子は、できるだけひとりでさせてあげましょう。

ごろごろタイプのあそび 0歳

いない いない ばぁ

「いない いない ばぁ」は子どもたちの大好きな遊びのひとつです。どんな小さな子どもでも簡単に理解できる優れた遊びを、身近なものを使って楽しみましょう。

ごろごろで ばぁ

だ〜れかな?

準備 透け感のある布

保育者は寝転び、顔に布を掛けて子どもの名前を呼びながら「いない、いない…」。子どもが手を伸ばして布を取り、めくれたら「ばぁ」

発達Point!

たぐり寄せる

うまく興味づけてあげることで、動作につながります。

遊びのアドバイス

・子どもが布を引っ張れるように、「取ってみて」など声をかけたり、手に布の端を持たせてあげたりすると、理解しやすくなります。

スキルアップ解説

布の大きさを調節する

「布をたぐり寄せる」という動きができるかどうかは、かなり個人差があります。子どものレベルに合った大きさの布を用意してあげましょう(大きくなるほど難易度は増します)。

あっち こっち ばぁ

どこから見えるかな?

準備 底があいている箱 など

子どもと保育者の間に箱を置き、箱の真ん中や左右から「ばぁ」と言いながら顔をのぞかせます。

顔が見えたら、うれしそうな顔を見せてくれるので、また違う場所から「ばぁ」と言うと子どもは探してくれます。

発達Point!

声への反応と動作

聴覚と視覚が刺激されます。

遊びのアドバイス

・「ばぁ〜」と何度も言いながら待っていると、子どもは声のするほうへ寄ってきます。きちんと顔が向き合うまで待ってあげましょう。

スキルアップ解説

探すスピードもアップ

繰り返すうちに、声のするほうを早く確認できるようになります。遊びをよく理解できているのを確認したら、顔が合ったらすぐに違う方向に移り、呼んであげると一生懸命探しますよ。

ちょこっとコラムで
じっくり理解！

遊びのからくりコラム10

複雑な要素が含まれた価値の高い
お助けマンを探せの展開

〔P.139〕の『お助けマンを探せ!』の【展開4】は、「チーム対抗戦」の「ジャンケン遊び」であり、同時に「鬼遊び」であり「鬼探し」でもあります。チーム内で「お助けマン」を決める過程で子ども同士の相談があります。しかも、それを相手に気づかれないようにふるまうことも自軍が勝利するためには大事なことであると理解しなければなりません。「お助けマン」は自分が“お助けマン”であることを相手に見破られないように、すばやく仲間にタッチして助け、相手とジャンケンしないように逃げなければなりません。チームメイトも自分が勝ち残るためにがんばる一方で「お助けマン」の動きにも気を払わなければなりません。このゲームは**単なる協調性の発揮にとどまらず、常に全体のようすを見ながら、自分のふるまい方も考える、非常に価値の高いもの**で、定番活動として園の遊び文化として定着することを期待します。そのためには、例えば5歳児の場合、全員がこのゲームのルールをしっかり体得しておかねばならず、いきなり行なわないで【展開1】～【展開3】というように順序を追って経験するとしぜんな形で【展開4】の理解に至ります。また、4歳児のときに【展開1】【展開2】だけをしっかり愉しんでおくことも有効な手だてであるといえるでしょう。

2月のテーマ

たくましさが育つ集団遊び

じっくりあそび
・用具使用
・基礎運動能力の向上にも配慮したゲーム性のあるものなど!

ちょこっとあそび
・準備ゼロ!
・時間が空いたとき、お集まりなどに最適

子どもの姿

ちょこっとあそび 4・5歳

その場で体が温まる遊び

1年でもっとも寒いこの時期。子ども同士の身体接触によってすぐに体が温まり、また室内でもできる遊びです。

引っ張り合いっこ、押し合いっこ

力を出して、体を温めよう

準備
ビニールテープなどで中央にラインを付ける。
クラスを2チームに分け、ラインを挟んで向かい合って座る。

引っ張り合いっこ

手をつないで立ち、保育者の「よーい、スタート」の合図で5秒間引っ張り合います。

自分のエリアに相手を引っ張り込めたら勝ち。
どちらかのチームがひとりずつ横にずれて、相手を替えて繰り返す。
※肩の脱臼に注意しましょう。

発達Point!
相手は力発揮の源
相手の力を感じるからこそ、自分の力を発揮できます。

押し合いっこ

背中を合わせて座り、5秒間押し合います。

相手側のエリアに自分が入れたら勝ち。相手を替えて繰り返す。

遊びのアドバイス
・保育者は、声に出して5秒数えましょう。子どもたちは見通しが持て、より力を発揮しやすくなります。

スキルアップ解説
競い合える仲間の存在に気づく
ひとりひとりが力を出し切ることが大切です。その力の源になっているのは、相手の力です。競い合える仲間の存在があってこそ楽しめる、ということを子どもたちに気づかせていきましょう。

なんとかしてくぐり抜けろ!

くぐり抜けられた達成感を味わう

1チームは、ラインの前にひざをついて並び、ブロックします。もう1チームは、別のラインから四つんばいの状態でスタート。5～10秒の間にくぐり抜けます。

準備

守るチーム、攻めるチームの2チームに分ける。ビニールテープなどでラインを2本付ける。

ルール

●両チームとも必ずひざかおしりを床につけていること。

●守るチームは相手を捕まえてもOK（服は引っ張らない）。

●攻めるチームは、捕まっても力で押し進んでもよい（たたいたりするのはなし）。

何人が相手のラインを越えられたか数え、攻守交替して勝敗を決める。同じ要領で何度か繰り返す。

発達Point!

粘り強さ

あきらめない気持ちを体得していきます。

遊びのアドバイス

・どうすればくぐり抜けられるか？ 守りきることができるか？ 遊びを繰り返す中で気づいていけるように進めましょう。

スキルアップ解説

「あきらめない」気持ちが育つ

捕まったらそこでおしまいではなく、力を出して前進すれば、突破できるチャンスがあります。このような「せめぎ合い」をダイレクトに体感することで、何でも簡単にあきらめない気持ち（精神力）も芽生えてくるのです。

じっくりあそび **4・5歳**

たくましさをはぐくむ集団ゲーム

仲間意識がよりいっそう深まっているこの時期にふさわしい、ぶつかり合いや支え合いの要素がたくさん詰まった遊びです。遊びを通してココロも体もたくましくなり、仲間とのつながりも、さらに深まります。

いっぱいあそぼう

ボール取り

チームワークを発揮してがんばろう!

準備

マット4枚、
ボール(幼児向けのドッジボールなど)12個
全体をA～Dの4チームに分ける
(1チーム6～8人)。

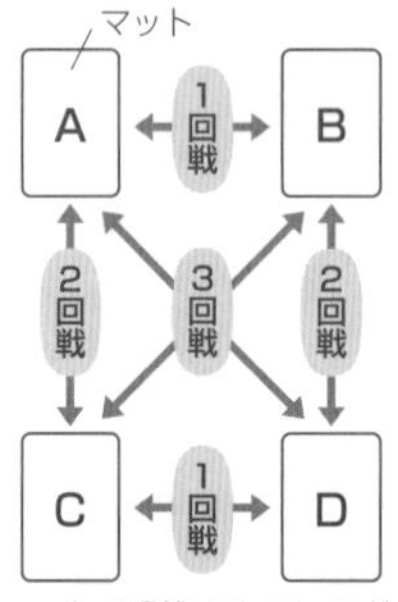
マット
A
B
C
D
1回戦
2回戦
3回戦
2回戦
1回戦

マットの距離は5～7mほど

展開1

Aチーム(とCチーム)がボール6個ずつをマットの上で守ります。Bチームは Aチームに(DチームはCチームに)ボールを取りに行き、自分のチームのマットに持って帰ります。20秒でストップ。

Aチーム
Bチーム

各チームでボールの数を数える(何個取れたか、何個守れたか)。
攻守交替し、同じように行なう。

展開2

チーム内で役割分担

各チームで3個ずつボールを持ち、チーム内で「守り役」と「取り役」を決めます(人数は各チームで自由に決める)。チーム対抗でボールを取り合います。

作戦タイム
ふたりでとりにいこう
うん!!
とった～!!

2～3分でストップ。ボールを数えて勝敗を決め、対戦チームを交替。
作戦タイムを挟んで繰り返す。

発達Point!

苦い経験

「取られた」経験も、子どもの育ちには必要不可欠です。

遊びのアドバイス

・【展開1】では、守れたこと、取れたことの両方を認めてあげましょう。この遊びのルール(たくさん取れたら勝てる、取られなかったら勝てる)がわかってきます。
・事前に、パンチ、キックをしたり、服を引っ張ったりしないことを話しておきましょう。

スキルアップ解説

悔しい経験も大切

ボールを取るため・守るためには、体と体がぶつかったり、引っ張り合ったりと、多少の痛みも伴います。一生懸命がんばったけど負けてしまい、悔しくて涙……ということもあるでしょう。このような「苦い経験」も、子どもたちの育ちのうえでは貴重な体験です。

タッチラグビー

パスで仲間とのつながりを感じよう

準備

マット数枚、ボール(幼児向けのラグビーボールやドッジボールなど)1個

全体を2チームに分け、それぞれ3つのグループに分ける(1グループ5人程度)。

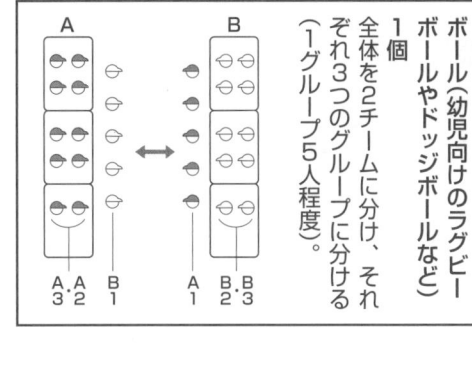

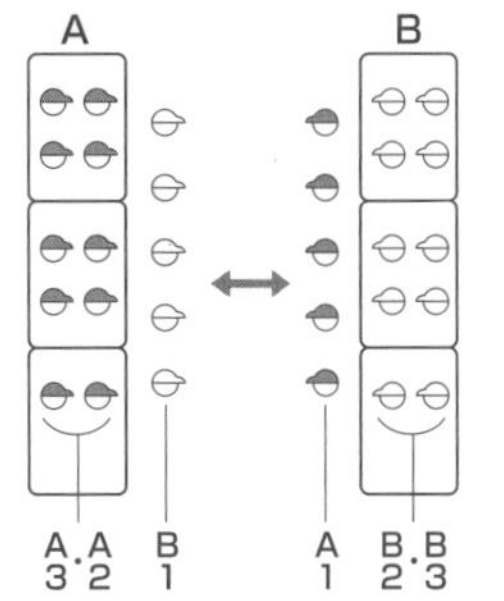

まずはA1対B1で対戦。一方のチームがボールを持って走ったりパスしたりしながら動きます。マットにいる仲間(A2・3、B2・3)にボールをパスできれば1点。1試合約3分。チームの総得点で勝敗を決めます。

ルール

- 相手チームはボールを持っている人をタッチする。(ボールを奪い取るのはなし)
- タッチされたら止まって5秒以内にチームのだれかにパスしなければならない。
- 相手チームはパスカットをするか、転がっているボールを取る。

発達Point!

気持ちがつながる

パスし合うことで信頼関係が生まれます。

遊びのアドバイス

・ルールが浸透・定着するまでは、保育者は常にボールの近くにいて、「○ちゃんがタッチされました」「タッチされたら5秒以内にパス!」「ボールを奪い取るのはだめ!」など、実況しながら全体にルールを伝えていきましょう。

スキルアップ解説

仲間意識の高まり

相手にタッチされたらパス、というルールをやり込んでいくと、タッチされる前にパスする姿が見られるようになってきます。そうなれば、互いの気持ちがつながり、仲間にゆだねたり、仲間を頼りになる存在としてとらえたりしていきます。

ちょこっとあそび 2・3歳

イスを使って みんなで楽しむ遊び

子ども同士のかかわり合いが増えるこの時期には、みんなで遊べる「イス」というアイテムが最適です。友達といっしょに「楽しい」気持ちをたくさん味わえます。

ドキドキ ワクワク どっかーん

みんなでドキドキ感を味わえる

準備
イス人数分、フープか短縄(結んで円形にしたもの)グループに1個
4〜6人分のイスを円形内向きに置く。

❶ 子どもたちはイスに座ってフープを持ち、ピアノか簡単な歌(『うさぎとかめ』など)に合わせて、グルグル回します。

❷ 曲の区切りがいいところ(歌の1番の終わりなど)でストップ。「5、4、3、2、1…ゼロ! どっか〜ん!」で、立ち上がってフープを持ち上げてバンザイ。

❶からもう一度繰り返す。

遊びのアドバイス

・例えばボールを使って行なうと、離そうとしない子がいたり、ボールで遊ぶことに興味が膨らんだりする子もいます。初めは、みんなが手に触れられるもの(フープ)で経験したうえで、順番に渡していくもの(ボール)へ発展させましょう。

発達Point!

全体が見える→わかる

みんなといっしょにすることで、全体をとらえる力がついてきます。

スキルアップ解説

周りの状況の理解

人(自分、友達、保育者)、物(道具)、遊び(ルール)があって、みんなでこのひとときを楽しんでいる、ということが、動きの体験を通してだんだんとわかるようになってきます。

向かい合って「あたまかたひざポン！」

イスに座るとしっかり友達と向き合える

準備
イス人数分
横に3つ並べたものを対面で置く。

❶ 向かい合って座り、『あたまかたひざポン』※の手遊びをします。「ポン」のところは前の子と両手を「ポン」と合わせます。

❷ 「め みみ はな くち」のところは、相手のその部分に両手で優しく触れます。

発達Point!
友達を感じる
相手の体に触れることで、友達を感じる体験ができます。

❸ 同じ列の子で電車になってお散歩します。ストップでイスに並んで座り、❶〜❷の手遊びをします。

遊びのアドバイス
・保育者が見本を見せながら、優しく相手に触れるように促しましょう。
・アレンジを加えてもおもしろいです。

アレンジ

●ネコの目
●サルの耳
●ブタの鼻
●タコの口

スキルアップ解説
いろいろな仲間を受け入れる
集団生活に慣れるということは、いろいろな仲間の存在を受け入れて、共に過ごしていくことです。集団の中でいろいろな友達を感じることが、仲間づくりの小さなきっかけになっているはずです。

※『あたまかたひざポン』作詞／不詳、イギリス民謡

じっくりあそび　2・3歳

縄を使って ふれあい&集団遊び

縄の特性を生かしてできる、子ども同士が相手の存在を意識しながら楽しめるふれあい遊びと、みんなでルールを共有して、楽しさも分かち合える集団遊びです。

縄でいろいろ

縄1本でいろいろな遊びにつながるね

準備
縄　ふたりに1本
（持ち手のないものが望ましい）

ふたり組になって、手をつないで座れたところから、保育者は縄を1本ずつ渡します。保育者の合図で、ふたりで縄を使っていろいろな動きをします。

①ヘビさん

左右に振る

②波

上下に振る

③グルグル

回す

④引っ張り合い

座ったまま引っ張る（5秒）

発達Point!
物と言葉のやりとり
物と言葉を通して、気持ちが通じ合う体験をします。

⑤電車ごっこ

前後になってお散歩

⑥ジャンプ

縄を伸ばして下に置き、
踏まないようにジャンプ
（みんなで声を出して10回）

ストップの合図で新しいふたり組になり、①から繰り返す。

遊びのアドバイス
・ひとつずつ「見本」を見せましょう。

スキルアップ解説

他者とのやりとりを楽しむ
友達とのやりとりの中で、物（縄）と言葉を通して、互いに力や気持ちの交わし合いができるようになり、さまざまなやりとりを楽しめるようになってきます。

おイモ鬼

おイモのポーズで氷鬼ふう遊び

導入

保育者は魔法使い役になり、もうひとりの保育者か子どもひとりを魔法を解く「お助けマン」に決めておきます。初めにルールを説明します。

先生は魔法使いの『おイモおねえさん』になります。タッチされた人は『おイモ』のポーズで固まってね
タッチ
お助けマンに両手を引っ張ってもらったら、魔法が解けてまた動けるよ
やったー!!

展開1

保育者は、「おイモにな〜れ!」と言ってまず全員にタッチをしておイモに変身させ、お助けマンが全員の手を引っ張り上げて復活させます。

おイモにな〜れ!
タッチ
おたすけマーン!
はい!
ありがとう

展開2

みんながお助けマンになって

次は「まだタッチされていない人みんながお助けマンになって、おイモさんの魔法を解いてあげてね」というルールにして再スタート。

はい!
おたすけマン!

発達Point!

ルールを受け入れる力

ルールのある遊びは、社会性をはぐくむきっかけになります。

遊びのアドバイス

・タッチされたら「おイモのポーズ」で固まる、両手を引っ張ってもらったらまた動ける、ということが理解できるかが大きなポイントです。
・初めはなかなか理解できないかもしれませんが、根気よく繰り返すことが大切です。

スキルアップ解説

のびのびと学ぶ社会性

ルールの中で気持ちを抑えながら力を発揮するということは、子どもたちの育ちの中でもとても大切な社会性をはぐくむきっかけになります。むりやり教え込むのではなく、集団の遊びの中でのびのびと、穏やかな雰囲気の中で学び取ってほしいものです。

ちょこっとあそび **1歳**

指先を使って 紙管で遊ぼう！

身近にある廃材を使って、微妙な力加減をしながら、楽しく遊びましょう。

芯の列車

どれくらい、つなげられるかな!?

準備 トイレットペーパーの芯 たくさん

芯をくっつけてどんどん横に並べ、最後に崩します。

並べて…

崩す

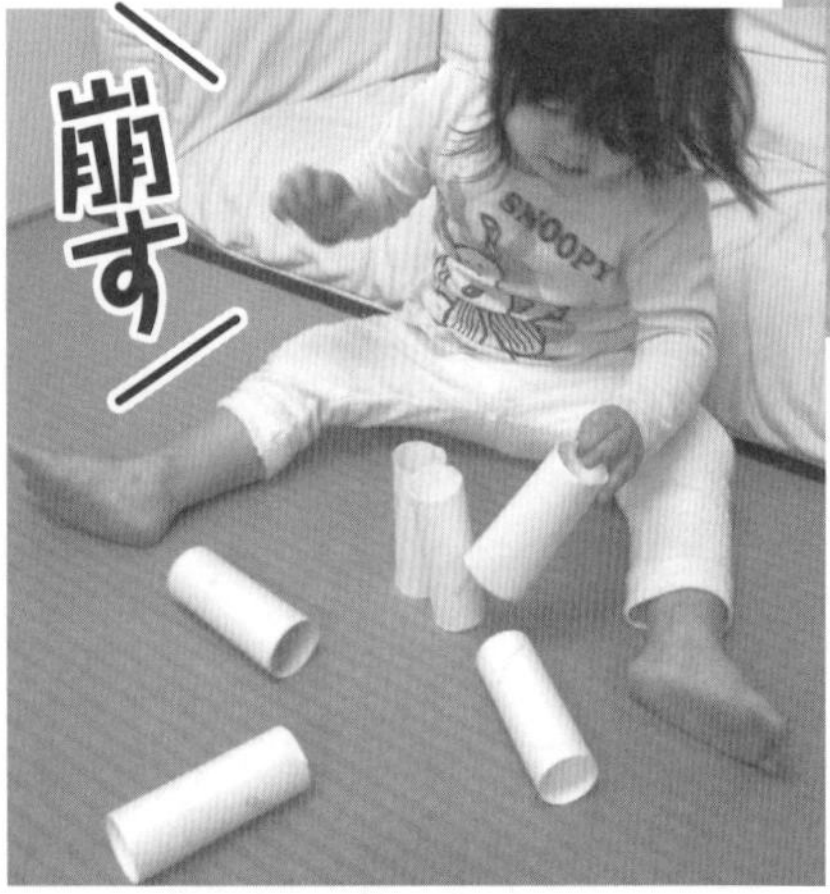

発達Point!

指先の微細運動

微妙な力加減ができるようになります。

遊びのアドバイス

・並べ方がわかるように誘導してあげましょう。

・繰り返すうちに、置き場所が理解でき、ひとりでもできるようになります。

スキルアップ解説

崩して遊ぶ

「崩す」ことが大好きな子どもたち。あえて崩れやすいものでチャレンジします。物をていねいに扱うことの大切さ、根気良く遊ぶことのおもしろさを味わえるようにしましょう。

のこった のこった

いっぱいたたいて倒そう！

準備 段ボール箱、トイレットペーパーの芯 たくさん

段ボール箱の上に芯を立てて乗せます。「せーの」の合図で、箱の上部をたたき、芯を全部倒します。

また起こして繰り返す。

発達Point!

静と動のミックス

そっと（静の動き）と大胆に（動の動き）の違いが理解できていきます。

遊びのアドバイス

・意外と倒れないものもあるので、一生懸命たたいて遊べますよ。

スキルアップ解説

パターンを変える

「倒すこと」と「起こすこと」がセットで遊べます。子どもが倒したら保育者が起こしたり、保育者が倒したら子どもが起こしたり、子ども自身が倒して起こしたりとパターンを変えると、同じ内容でも楽しみ方が変わりますよ。

先生といっしょに タオルで遊ぼう

いっぱいあそぼう

タオルを使って保育者との関係性を深め、
さらに活発に動きながら、夢中になって楽しめる遊びです。

タオルでしっぽ取り

たくさんしっぽを取れるのが楽しい

準備 タオル1枚

保育者はタオルを腰に付けてしっぽにします。しっぽを手で揺らしたりして子どもに誘いかけ、取られないようにかわしながら遊びます。

まてー

最後は子どもに取らせ、「タオルちょうだい」「ありがとう」のやりとりでタオルを返してもらい、同じ要領で繰り返します。

ありがとう

遊びのアドバイス

・子どもが興味を持てるように、うまく誘いかけをしましょう。
・何度も「取れた」という経験をしたうえで、子どもにもしっぽを付けて、保育者が取るというやりとりも試してみましょう。

発達Point! 関係性の芽生え
保育者との遊びの中から豊かな関係性を学んでいきます。

スキルアップ解説
遊びを通した気持ちの通い合い
「しっぽを取り合う」というやりとりで、自分と相手（保育者）との間で遊びが成り立つことがわかり、気持ちの通い合いが生まれてきます。しっかりと「自我」を認めながら、関係性を豊かにしていきましょう。

タオルでジャンプ、パンチ、キャッチ

跳んだり、たたいたり、捕まえたり

準備 タオル1枚

タオルの先を結んでダンゴにして、子どもが少し手を伸ばして届くか届かないかの位置に持ちます。子どもはジャンプしてたたいたり、捕まえたりして遊びます。

発達Point! 感触を知る→意欲がわく
たたいたり、捕まえたりすることで、よりやる気が生まれます。

ジャンプー

遊びのアドバイス

・初めは、立ったままでタオルに触れられる高さにしましょう。
・少し揺らしてみたり、高さを変えたりして楽しみましょう。

スキルアップ解説
やる気を促す高さに
「取れそうで取れない」「当たりそうで当たらない」というくらいの高さが、子どものやる気をよりいっそう促し、チャレンジする心を芽生えさせます。

先生とふれあって タオルで遊ぼう

タオルは子どもたちにとっても身近な生活アイテムです。
保育者の遊びゴコロと遊び方によっていろいろな楽しみ方ができますよ。

タオルでスキンシップ

いろいろなスキンシップができるよ

子どもと保育者は、タオルを使っていろいろな動きを楽しみます。

準備 タオル1枚

こんにちは

畳んで頭の上に乗せ、「こんにちは」で落とす。子どもにも交替。

シーソー

両端を持ってシーソー。

バタバタ&グルグル

広げて上下に動かしたり、細く持って回す。

引っ張り合い

軽く引っ張り合う。

ごしごし

畳んで背中やおなかなどを「ごしごし」とこする。子どもにも交替。

のれん

広げて持ち、子どもはのれんをくぐるように通る。

発達Point!

好奇心→行動へ

まねしてみたい気持ちが、行動への意欲を引き出します。

遊びのアドバイス

・子どもがおもしろさに気づくように、楽しそうなリアクションをすることが大切です。
・簡単な歌や掛け声に合わせると、繰り返し楽しめるでしょう。

スキルアップ解説

やってみたい気持ちを尊重

物事や状況を傍観して楽しんでいたとらえ方から、わがものにしたくなる(まねしてみたくなる)という行動に変わってきます。そのような行動はしっかり認めて、どんどん経験させてあげましょう。

タオルをキャッチ&ばあっ!

タオルの動きと先生とのやりとりが楽しい!

準備 タオル1枚

1 タオルを揺らして子どもの視線をタオルに向け、保育者の顔の高さまで持ってきます。「3、2、1」でタオルを離し、子どもはキャッチ。

2 次は子どもにタオルをかぶせ、「いないいないばあ」

発達Point!

意欲の膨らみ

動いているものへの興味が深まります。

遊びのアドバイス

・キャッチできたら「じょうずだね」と褒めてあげましょう。
・キャッチできなくても、ゆらゆらと落ちてくるのを楽しめていればOKです。

スキルアップ解説

体験の広がり

動いているものにも直接触れてかかわろうとする行動が見られるようになってきます。あらゆるものやでき事にふれたりかかわったりして、子どもたちの体験を広げていきたいですね。

4月 5月 6月 7月 8月 9月 10月 11月 12月 1月 2月 3月

いろいろな「ころころ」で遊ぼう!!

子どもたちにとって、「転がる」という動きはとても魅力があります。自分の上を転がる、転がっているものを見るなど、変化に富んだ「ころころ」を楽しみましょう。

ころころ ドッカーン

大きなボールがやってくる!

子どもはあおむけに寝転び、保育者は「ころころ　ころころ…」と言いながら体の上でボールを転がします。

準備
布製などのやわらかいボール

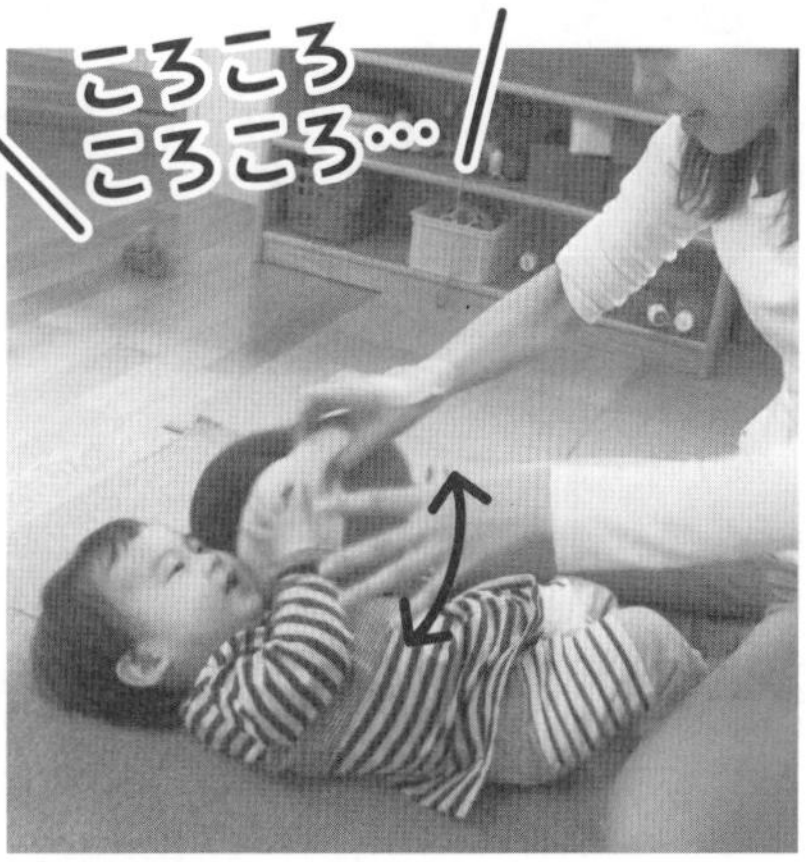

左右に2～3回通過させ、「ドッカーン」と言いながら胸のあたりに持っていき、キャッチさせます。

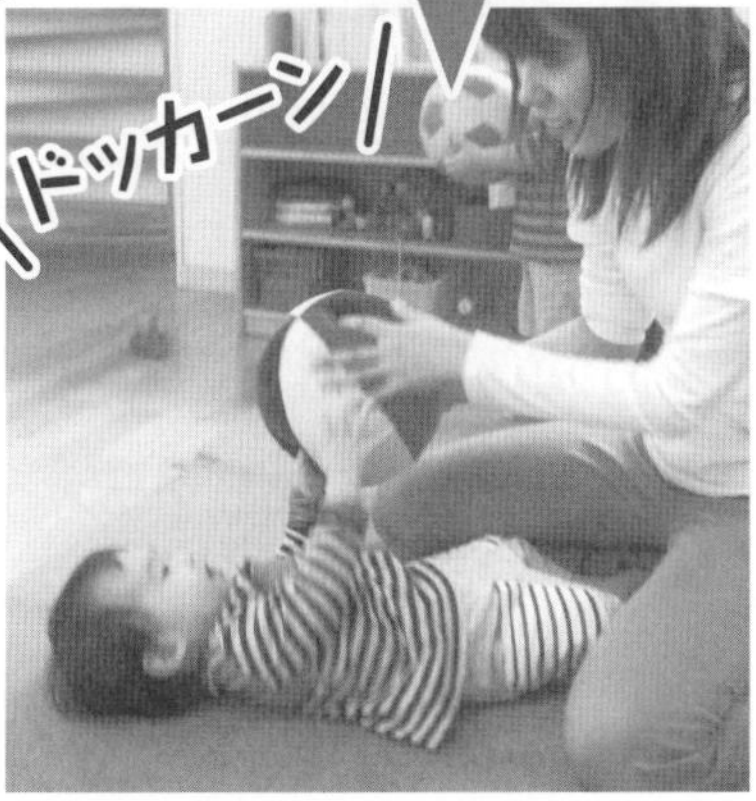

発達Point!
期待感と満足感
「くるぞ、くるぞ、きた！」という一連の動きが楽しみになっています。

遊びのアドバイス
・繰り返し行なうことで、楽しさが理解できてきます。
・子どもは耳と全身を集中させています。わくわくするようなことばがけをしてあげましょう。

スキルアップ解説
自己表現の芽生え
小さいながらも、きちんと自己表現ができてきます。楽しいと起き上がろうとしませんし、飽きると起き上がってきます。子どもの表情や行動をよく観察しながら遊びましょう。

あっちへころころ こっちへころころ

転がっていくのがおもしろい

準備
丸い玉（直径3.9 cm以上の誤飲しない大きさのもの）、筒（クリアフォルダーを筒状にしたものでもOK）、キッチンなどで使う壁掛け用のネット、小さめのカゴ
ネットに筒を斜めにくくり付け、筒の下部に受け止め用のカゴを付ける。

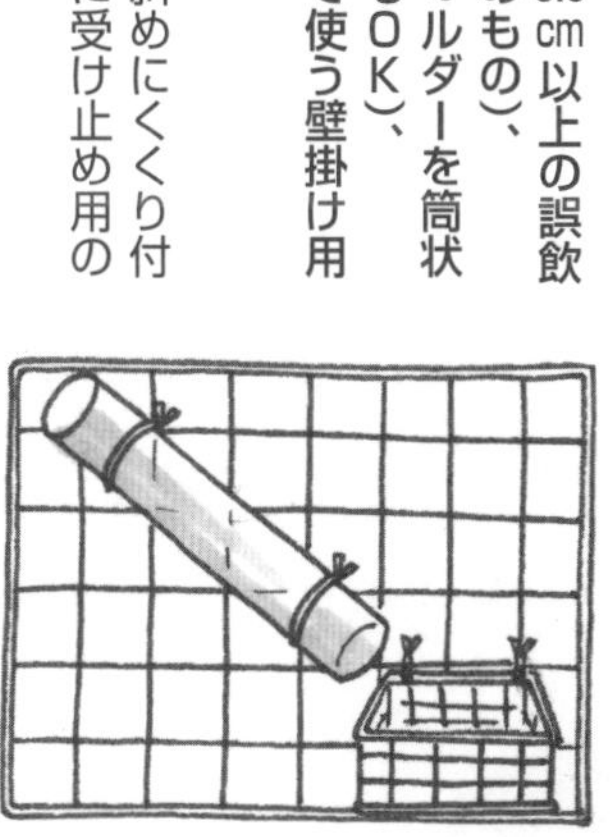

筒にボールを入れて転がし、目で追って楽しみます。

発達Point!
追視と手の連動
目で玉を追いかけながら、手で捕まえようとします。

遊びのアドバイス
・ころころと転がるようすが楽しいのです。鋭角すぎると追視できず、鈍角すぎるとうまく転がらないので、筒の設置角度に気をつけましょう。

スキルアップ解説
できた経験が次につながる
動きの流れが理解できるようになってくると、子どもは自分で筒に入れるようになります。「できた！」ということが、繰り返し行なおうとするスパイスになるのです。

ちょこっとコラムで
じっくり理解！

遊びのからくりコラム11

最後までやりきる経験とできなくてもグッドな経験

子どもたちと実際にゲームをしていると、さまざまな場面に出くわします。**子どもたちが表す姿に保育者はどのように対応するのか、どのように受け止めるのか**、まさに子ども観が問われます。〔P.111〕の『おイモ引っ張り大会』では、引っ張ってもらえないで残される子どもが出る可能性があります。こんな場合は、初めに“みんなの力でみんなを引っ張ってくる”ことを約束（みんなでみんなを救済するという価値観を伝える）し、見逃さず、やり切るまで見守ります。

〔P.81〕の『カタチ作り』では子どもたちが相談して役割分担することに値打ちがあり、これもグループに時間差があってもよいので、何とか完成するまで力発揮することを求めます。一方、〔P.27〕〔P.72〕のイスを使ったゲームでは、イスにも友達のひざにも座れずにとまどう子どもは、一定の時間（10まで数える）が過ぎれば、何とか座らせようとはせずに、終了し、また1から始めることが望ましいと考えます。とまどって、固まってしまうのは、葛藤する気持ちの現れですから、その気持ちを認めて“できなかった体験”も大切にしてあげるべきです。

運動会においても、恥ずかしくてできない子どもも同様です。恥ずかしがることは感受性が豊かなことのあかしであり、恥ずかしくてできなかった経験もまた幼児期においては有意義な経験であるという受け止め方をしたいものです。

3月のテーマ

子どもたちの育ちを感じる集団遊び

じ

じっくりあそび
- 用具使用
- 基礎運動能力の向上にも配慮したゲーム性のあるものなど!

ち

ちょこっとあそび
- 準備ゼロ!
- 時間が空いたとき、お集まりなどに最適

子どもの姿

ビューーン!
エーイ!
おおっ!
ますます力強くなったあつしくん
…と みせかけて
パース!
うわっ!
えっ…
ダダッ
駆け引きが楽しくなったりこちゃん
あきらめない力がついた たくみくん
ハイ! パス!
ワイワイ
ワー!
うんうん…
ひとりひとりの"育ち"が集団の中ではぐくまれたのね
それぞれの育ちを認め合って次の年齢へ自信を持って進ませたい!
あっ あぶない!!
ビッッ!!
シュッ!!
せんせい ますます すばやくなったよ
オオッ

そんなときは
おまかせ!!

ちょこっとあそび 4・5歳

身のこなしを生かした遊び

すぐ あそべるよ

遊びの中に「身のこなし」の要素が含まれてくることに、おもしろさを感じるようになってきます。できる・できないにこだわらず、繰り返し遊び込んでみましょう。

跳んでくぐって競争

跳んでくぐってすばやく動こう!

ふたり組になり、「よーい、スタート」の合図で、「跳んでくぐって」の動きをします。

1 跳ぶ

Ⓐがうつぶせ、Ⓑがその上を跳ぶ

2 くぐる

Ⓐが足のトンネルをつくり、Ⓑがくぐる

3 跳ぶ 1に同じ

4 くぐる 2に同じ

5 跳ぶ 1に同じ

6 終わり! ふたりでバンザイ!!

バンザーイ!!

次はⒶとⒷを交替して行なう。さらにペアを替えて繰り返す。

発達Point!

敏しょう性

すばやい動きが身についてきます。

跳んで くぐって…

スキルアップ解説

身のこなしがアップ

さらに身のこなしがよくなる時期です。すばやい動作が身についてくることで、競争や勝ち負けのある遊びにも発展していきます。

遊びのアドバイス

・跳ぶ→くぐる→跳ぶ…のように、動きと数がセットになっていることを見本で示しましょう。

・一番速かったペアにはインタビュー(「どんな気持ち?」など)をしてもよいでしょう。

なんで速かったの?
ジャンプがとくいです!

お姫様を守れ！

駆け引きにも身のこなしが必要

1 3人ひと組になります。ふたりが電車になり、先頭が「王子様」、後ろが「お姫様」もうひとりが「鬼」になります。

鬼
王子様
お姫様
座る
ひざ立ち

2 鬼は「おしりスリスリ」でお姫様をタッチしに行きます。王子様は自分の体を壁にしてとうせんぼうをするなどして、鬼から守ります。

キャ!!!
おひめさまを
まもるぞっ

1, 2, 3 ....
おうじさま
たすけて～～!
まて～～

ローテーション
王子
鬼
姫

まずは保育者主導。10秒間ずつでストップし、ローテーション。
次からは子どもたち主導。タッチされたら交替。

発達Point!

気持ちの交わり

それぞれの役割を通して、友達と気持ちが交わる経験をします。

遊びのアドバイス

・王子様とお姫様は離れないようにすること、鬼に背を向けて逃げないようにすることを、見本のときに伝えておきましょう。

スキルアップ解説

気持ちをかみ合わせる

遊びの中でそれぞれの役割がわかり、子ども同士の関係性もさらに深くなります。友達と交わり合いながら、気持ちをかみ合わせて遊ぶことができるようになってきます。

4月
5月
6月
7月
8月
9月
10月
11月
12月
1月
2月
3月

子どもだけで遊ぶ力をつける遊び

保育者が設定した環境やルールのもとで遊ぶ力が身についたら、子どもたちだけで遊べるよう育ちを促していきましょう。そんなきっかけとなる遊びを提案します。

カギ鬼

ルールをつくっていくおもしろさ

準備
マット数枚、カラー標識1本、フープ数個
マットや線で「鬼の家」や、逃げる範囲を描いておく。

1 まずは保育者が鬼になって追いかけ、タッチされた子どもは、鬼の家に入ります（かってに出ることはできない）。

2 3分の1ほど捕まえたらストップして、鬼の家のカギ（カラー標識）を保育者が置きます。捕まっていない子どもがカギを手で倒したら、鬼の家が開き、閉じ込められていた子どもは復活します。

鬼はカギを守る。
鬼を子どもに交替し、
5〜7人ずつ
ローテーション。

発達Point!
役割のある遊び
自分の役割を理解して、友達同士で楽しめるようになります。

アレンジルール

その1
フープなどで「安全地帯」を数か所作り、これに触ったり、入っていたりするとタッチされない。

その2
安全地帯にずっとくっついている子がいる場合、鬼がふたりで「チョット チョット チョット」と言うと、出なければいけない。

※鬼ふたりがカギから離れると、カギを守る部分が手薄になるので、助ける子どもたちにとってはチャンスとなり、駆け引きが生まれます。

遊びのアドバイス

・ひとつひとつのルールを、じっくり時間をかけてやり込みましょう。
・動きを理解できれば、子どもたちにヒントを投げかけながら、新たなルールをいっしょに考えていきましょう。
・逃げる広さ、全体の人数に対する鬼の数、安全地帯の数のバランスを調節することが大切です。

スキルアップ解説

友達に共感したり、教え合ったり

「守る」「逃げる」という役割、仲間同士の中での役割、自分の役割をそのつど理解できるようになります。友達に共感したり、教え合ったりしながら、役割のある遊びを自分のものにしていきます。

迷路鬼

「駆け引き」を楽しもう!

準備

玉入れの玉たくさん、箱
2チームに分かれて帽子で色分けする。
迷路のような「道」を描き、スタート&ゴール地点を決める。

展開1

ひとチームはスタートから道を一方通行で進み、もうひとチーム（鬼）にタッチされずに1周できれば1ポイント。得点を数えて勝敗を決める。3分程度で役割りを交替。

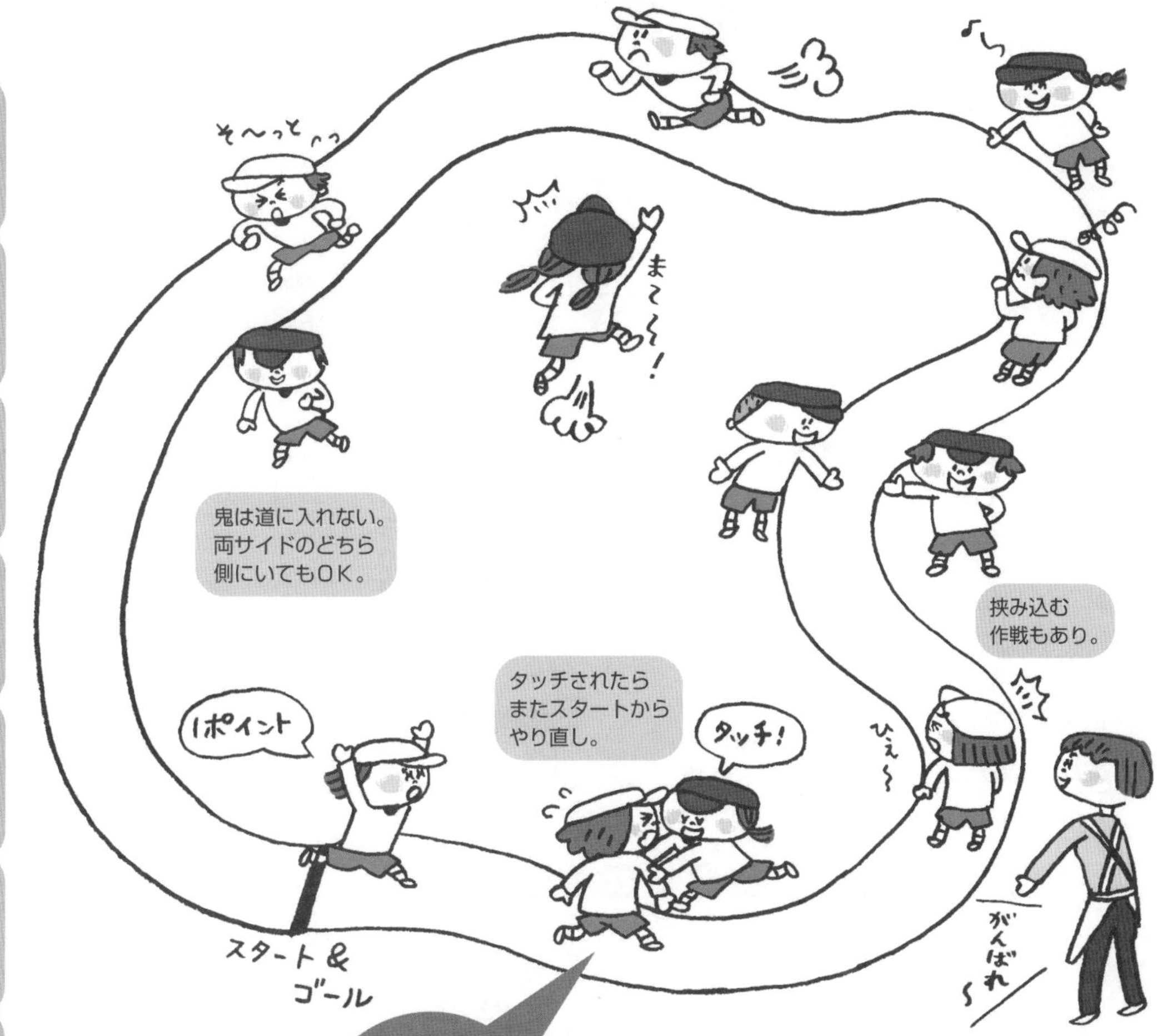

そ〜っと
まて〜!
ひぇ〜
がんばれ〜
鬼は道に入れない。両サイドのどちら側にいてもOK。
挟み込む作戦もあり。
タッチされたらまたスタートからやり直し。
1ポイント
タッチ!
スタート&ゴール

発達Point!

気づく力
相手の動きに気づき、先を予測して、駆け引きを楽しめるようになってきます。

展開2

ジャンケン勝負

鬼にタッチされたらジャンケン勝負。
勝ち→そのまま進む。
負け→スタートからやり直し。

タッチ!!
ジャンケンポン!!

展開3

玉で1ポイント

玉入れの玉を1個もらってスタート。1周できたら、得点用の箱に入れて、新たに玉を持ってスタート。途中でタッチされたら、スタートからやり直す。

ゴール!
スタート&ゴール

遊びのアドバイス

・「道」の幅は、鬼が両サイドから手を伸ばして、届くか届かないかくらいにしましょう。

スキルアップ解説

予測がすばやく働く

遊びのルールや特徴をすぐにつかめるようになってくるので、「こうしたらこうなるはず…」といった予測が、すばやく働くようになります。

ちょこっとあそび 2・3歳

保育者との信頼関係を生かした遊び

すぐ あそべるよ

クラスとして最後となる1か月、保育者と子どもたちとのきずなが強く結ばれているからこそ、楽しめる遊びです。保育者を軸としたクラス全体のつながりが、新たな環境へのエネルギーとなるはずです。

おもちゃのチャチャチャで立ったり座ったり

歌いながら先生の動きについていけるかな?

保育者と子どもが向かい合い、♪『おもちゃのチャチャチャ』※に合わせて、みんなで「立つ」「座る」を繰り返します。

立つ

おもちゃのチャチャチャ

座る

おもちゃのチャチャチャ

立つ

チャチャチャおもちゃの

座る

チャチャチャ

（続き）

立 そらにきらきら
おほしさま
座 みんなすやすや
ねむるころ
立 おもちゃははこを
とびだして
座 おどるおもちゃの
立 チャチャチャ
座 おもちゃの
立 チャチャチャ
座 おもちゃの
立 チャチャチャ
チャチャチャ
座 おもちゃの
立 チャチャチャ

発達Point!

合わせる力

見本を見て、同時に自分の動きも調整できるようになります。

遊びのアドバイス

・まずは「歌うだけ」にして、次はゆっくり「動き」を入れて、次は「速く」、というように、段階的に進めていくとわかりやすく、楽しみが膨らんでいきます。

アレンジ1

テンポを早くする

♪おもちゃのチャチャチャ♪♫
サッ
サッ
サッ

アレンジ2

立ったり座ったりしながら、「チャチャチャ」の部分を手拍子にする

チャチャチャ

スキルアップ解説

自分の動きを調整する力

保育者の見本を見て、一生懸命動きに合わせようとする姿が見られます。声を出しながら、「動く」「手をたたく」などを同時に調整する力が身についていきます。

※『おもちゃのチャチャチャ』作詞／野坂昭如（補作詞／吉岡治）、作曲／越部信義

ワニさんから逃げろ！

ワニさんでも大好きな先生だから怖くないね

❶ まずは、保育者のまねをして、みんなでワニになって動きます（手だけではう）。

❷ 保育者は子どもたちを端のほうに集め、少し離れます。いっしょに「10」数えたら、保育者はおしりスリスリで逃げ、子どもたちがワニになって捕まえに行きます。

発達Point！

はう動作

はうという非日常的な動作が運動能力アップにつながります。

❸ 捕まったら交替。「10」数えてから、今度は保育者がワニになって、子どもたちはおウマ（よつんばい）かおしりスリスリで逃げます。

遊びのアドバイス

・保育者が逃げるときは、適当なタイミングで捕まりましょう。
・子どもたちが逃げる場合は、ゆっくりと追いかけて、子どもたちの運動量を確保しましょう。

スキルアップ解説

はう動作が大切

歩く、走る、跳ぶといった「基礎的動作」が身についてくるのと同時に、はう動作からは遠ざかっていきます。はう動作は非常に大切ですので、「非日常的」な動作として意図的に盛り込んでいきましょう。

じっくりあそび 2・3歳

集団としての育ちを感じる遊び

ルールがわかるから楽しい、ルールを守るから楽しめる、ということが理解できる遊びです。また、集団としての育ちも感じ取れます。

いっぱいあそぼう

ハクション鬼（増え鬼）

捕まることも鬼になることも楽しめる

準備
マット数枚
マットを7mほど離して置く。

子どもたちはマットに立ち、保育者の掛け声でいっしょに動きます。

きたかぜピュ〜

両手を上に伸ばして右に揺れる。

さむいぞピュ〜

左に揺れる。

がんばるぞ！

モリモリポーズ。

ハ、ハ、ハ、ハ…ハクショーン!!

ハクションの合図で保育者は「ハクション鬼」に変身し、子どもたちは向かい側のマットに逃げます。初めの1〜2回は捕まえずに、追いかけるのみ。次に、捕まった人は「鬼の仲間」になります。

ハクション!
きゃ〜
鬼に変身〜
にげろ

子どもをひとりだけ捕まえ、最初から繰り返す。
「鬼の仲間」になった子どもは、ほかの子どもを捕まえに行ってよい。

発達Point!

受け入れる力
ルールを受け入れられるようになってきます。

遊びのアドバイス
- 保育者の立ち位置に注意しましょう。
- 可能な限り広いスペースを確保しましょう。

スキルアップ解説

ありのままを受け入れる

子どもたちがルールを受け入れられるようになるには、まず基本姿勢として、保育者がありのままのその時々の子どもたちを「受け入れる」ことが大切です。

たまごを守れ！

守るのも取るのもどっちもがんばれるよ！

準備
マット数枚、玉入れの玉たくさん
マットを5mほど離して置き、片方のマットに玉を全部置く。

展開1

1 子どもたちは片側のマットに座り、ひとり1個ずつたまご（玉入れの玉）を取りに行って戻ります（全部なくなるまで繰り返す）。

2 次は、保育者がうつぶせになってたまごを隠し、子どもたちは1個ずつ取りに行きます（全部なくなるまで続ける）。

展開2 チームで対戦

2チームに分けて帽子で色分け。1チームがたまごを1個ずつうつぶせで守り（手は使わない）、もう1チームがたまごを取りに行きます（20秒で交替）。

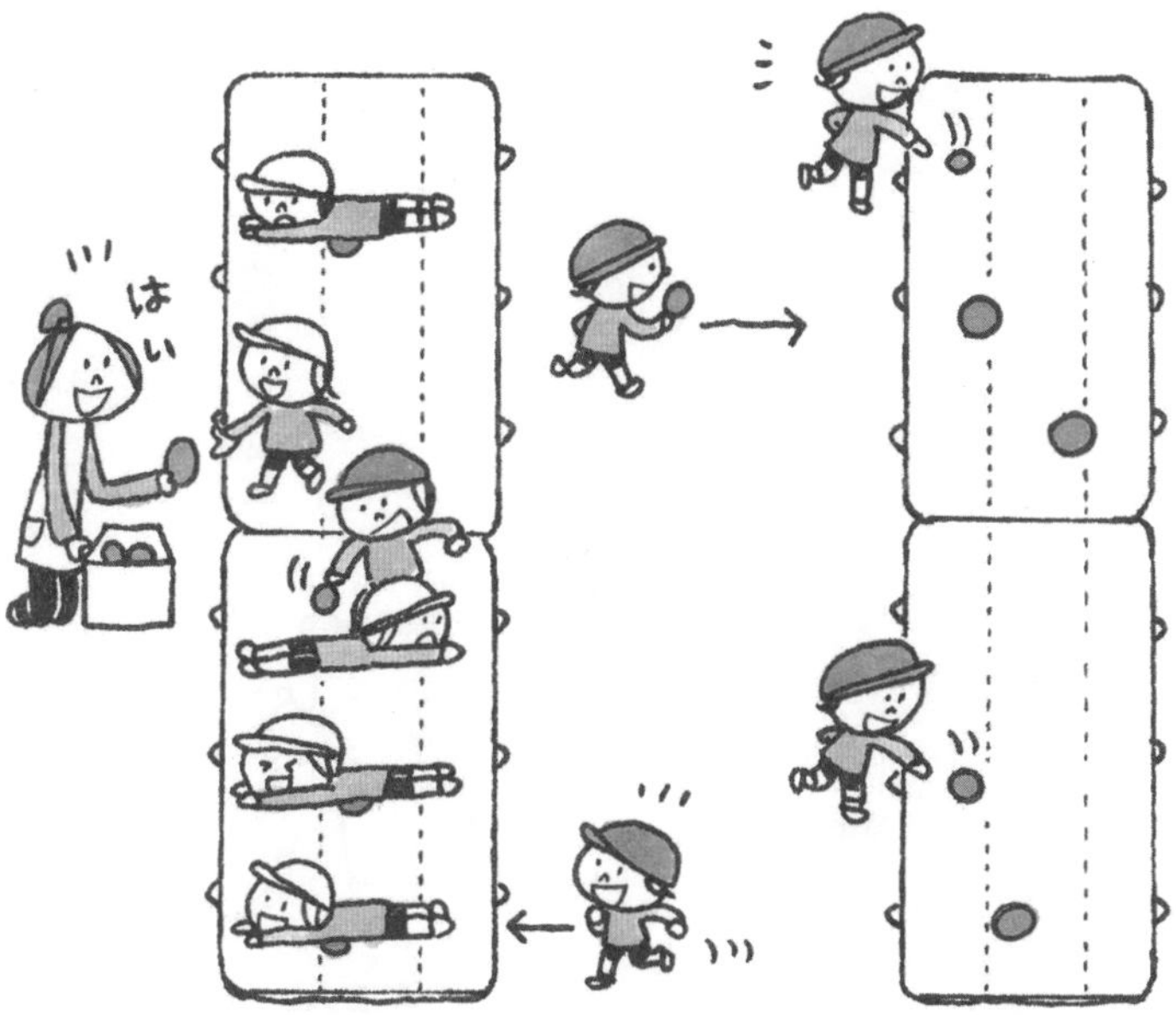

たまごを取られた子どもは予備の玉をもらってまた守る。

発達Point!
がんばりがわかる
友達を通して、自分のがんばりが感じられるようになります。

遊びのアドバイス
・保育者が守るときは、適度に守りながら取らせてあげるようにしましょう。
・20秒は保育者が声を出して数えましょう（見通しが持てるため）。

スキルアップ解説
相手がいるからやりきれる
玉を取れた！ 玉を守れた！ という達成感が味わえます。相手（保育者やほかの子ども）がいることで自分を励ますことができるようになり、最後までやりきろうとする気持ちが生まれます。

紙管で遊ぼう!

2月でも取り上げた紙管(トイレットペーパーの芯)で、さらにバージョンを変えて遊んでみましょう。じっくり真剣に取り組む姿勢に、成長を感じることができますよ。

布通し

柔らかいものでも、だいじょうぶ!

準備
トイレットペーパーの芯を3㎝くらいに切ったもの、布(できればオーガンジーのような少し弾力のある布)

布の端を、芯が落ちないような大きさのだんご結びにして、芯を布に通して遊びましょう。ひもとはまた違った感覚が楽しめます。

通して…

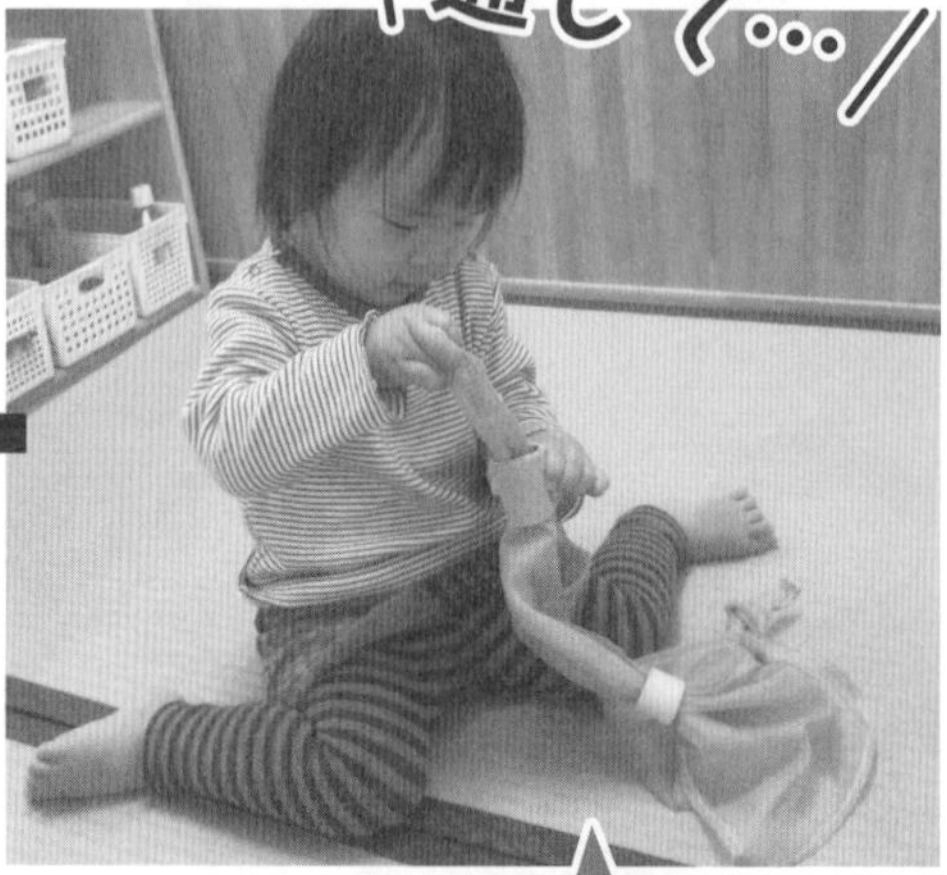

できた!

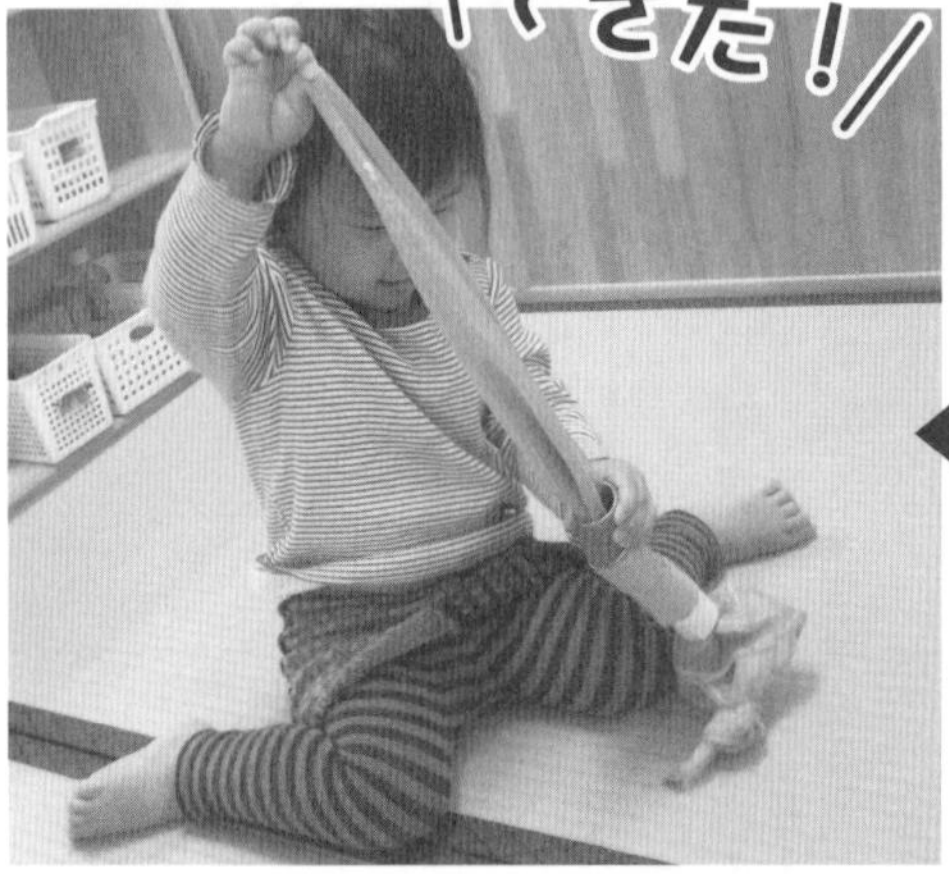

発達Point!
集中力の持続
少し難しいくらいのことが、さらなる集中力アップにつながります。

遊びのアドバイス
・ひもは先端がふたつしかありませんが、布だと四辺それぞれから通したり、真ん中から通したり、いろいろなアイディアが出てきますよ。

スキルアップ解説
難易度を変えて楽しむ
芯の長さを変えることで、通しやすさが変わります。短いと簡単ですが、長いほど難しいです。いろいろな長さを用意しておいてもおもしろいでしょう。

布通し パート2

その後の遊びにも展開できます!

布に芯を通したもの(上記)を、保育者は少し高く持ちます。子どもたちは下からジャンプして、芯を抜いていきます。

全部取れたら、また布通しから繰り返す。

とれた!!

遊びのアドバイス
・別々のような活動でも、つなげれば遊びが広がります。繰り返し遊びも、ひと工夫すると楽しみも倍になります。

発達Point!
手と体を使った運動
繰り返すうちに、目標物と自分との距離を測れるようになります。

スキルアップ解説
集中できる楽しさ
子どもたちにとって、「飛び付く」という行為はとても楽しいようで、目をキラキラさせて飛び付きます。集中できるうえに楽しいという遊びは、子どもたちに「またやりたい!」と思ってもらえます。

お兄さんお姉さんと触れ合い遊び

1 歳

いっぱいあそぼう

お兄さんお姉さんとの触れ合いは、同年齢の子ども同士や保育者とのかかわりとは違った感触を味わうことができます。卒園を前にした、頼りになる5歳児といっしょに体を動かしながら楽しいひとときをつくってみましょう。

ストップゲーム

どんなポーズができるかな?

1歳児と5歳児が手をつないで、音楽かピアノの音に合わせてランダムに歩きます。保育者の合図でストップ、歩くを繰り返し、ストップのときにポーズをつくって楽しみます。

お山座り

うつぶせ

抱っこ

5歳児が1歳児をギュー

ぴったんこ

手と手、おなかとおなか、おでことおでこ、背中と背中

一本足

5歳児は手をつないでサポート

発達Point!

はっきりとした動作

めりはりのある動作が楽しさのもとになります。

遊びのアドバイス

・「動く→止まる」というめりはりのある動作を、1歳児が5歳児の動きを見て理解できるように、一定のパターンで繰り返すことが大切です。

スキルアップ解説

めりはりの表現が楽しい

1歳児後半には、しゃがんだり、立ったり、走ったり、うつぶせになったりと、はっきりとした動きが多く見られるようになってきます。めりはりのある動作を表現できることが、楽しさにつながっています。

触れ合いサーキット

お兄さんお姉さんの体はどんな感じ?

準備 マットを円周上に置く。5歳児ふたりと1歳児ひとりの組をつくる。

3人でサーキットを回り、いろいろな動きを楽しみます。
※5歳児は4グループに分けて、1グループは「全体の補助役」として1歳児といっしょに回る。

レスキュー

1歳児がうつぶせで寝て、5歳児が片手ずつ持って引っ張る。

トンネル

5歳児が両手を合わせてトンネル。1歳児はくぐる。

おいでー!
補助役

ゴロゴロ

5歳児がうつぶせ、その上を1歳児がゴロゴロ。

補助役

コースを周回する。
補助役は3分程度でどこかのグループと交替。

発達Point!

子ども同士の安心感

触れ合うことで、親しみ度合いがどんどん増していきます。

遊びのアドバイス

・シンプルでわかりやすいコースにしましょう。マットを長くつなげて、ゴロゴロ&トンネルコーナーが続くようにしてもよいでしょう。

スキルアップ解説

五感で感じる安心

1歳児は「人見知り」なども始まりますが、子どもが子どもを信頼するという心理は、理屈ではなく、触れ合う感触や声、においなどです。五感を通して、安心感を感じ取っていきます。

4月 5月 6月 7月 8月 9月 10月 11月 12月 1月 2月 3月

お兄さんお姉さんとボール遊び

卒園を前にした5歳児クラスのお兄さんお姉さんとボールで遊びます。
心と体を通わせて、互いによい思い出になるといいですね。

ころころボール

転がしたボールが返ってくるから楽しいね

準備 ボール、折り畳み式園児用机 など
0歳児と5歳児のペアをつくる。

1 向かい合って座り、5歳児がリードしながらボールの転がし合いっこをします。

2 机などで「坂」をつくります。5歳児は転がすことを教えてから、坂の下でトンネルをして待ちます。

転がってきたボールを5歳児が0歳児に手渡して繰り返す。

発達Point!
繰り返せる楽しさ
同じことを繰り返す楽しさを、ふたりで感じられます。

遊びのアドバイス
・坂はグループによってランダムに設定するよりも、同じ方向にボールが転がるように向きをそろえて設定するほうが安全に遊べるでしょう。

スキルアップ解説
ふたりで楽しみながら繰り返す
5歳児が、ボールを拾って運んでと、よく動いてくれるので、遊びを繰り返すことが可能になります。「繰り返すと楽しい」「楽しいから繰り返す」のです。

ボールでいろいろ

遊びの環境がいろいろ

5歳児は体を使ったサーキットになり、0歳児がボールを使って遊びに行きます。

準備 ボール

トンネル
5歳児たちは、足で「トンネル」、0歳児はいろいろなトンネルにボールを転がす。

パス&キャッチ
5歳児が名前を呼んで、パスするように促し、キャッチしたらやさしくバウンドさせるか転がして返す。

輪っか
5歳児は、胸の前で「輪っか」を作り、0歳児がボールを入れる。

発達Point!
かかわり合い
言葉をかけられたり、触れ合って教えられたりする体験をします。

遊びのアドバイス
・歩行がままならない0歳児には、5歳児が近づいてあげるように言いましょう。

スキルアップ解説
刺激を与え合う
5歳児から0歳児に対して投げかけられる言葉や、手取り足取りのかかわりは、体験としてインプットされます。年齢を問わず、「人間同士のかかわり合い」は、目に見えない刺激を与え合っているのです。

お兄さんお姉さんと触れ合い遊び

園でいちばん大きな年長児と、いちばん小さな0歳児とが、顔を見合わせて遊びます。初め年長児はどう相手をしていいか悩み、0歳児は警戒して泣いたりしますが、少しずつ打ち解けていく、とてもよい光景が見られます。

パクパク クッション

クッションに食べられちゃう！

準備 クッションふたつ

5歳児がクッションを持って、0歳児と対面に座ります。5歳児は「パクパク…」と言いながら、クッションを口に見たてて、おなかの辺りを「パク！」と食べるまねをします。

遊びのアドバイス

・5歳児が「さぁ、やるぞ！」と構えると、0歳児は少し威圧感を感じるときがあります。ゆっくりと始めるよう、伝えましょう。

・手・足・頭など、食べるまねをする部分を変えてもよいでしょう。

発達Point!

やりとりのおもしろさ

繰り返すうちに期待する気持ちが高まってきます。

スキルアップ解説

期待感が高まる

初めは受け身の0歳児ですが、次第に5歳児の「手を出して」などの投げかけにこたえて、0歳児のほうから動くようにもなります。

くるくる クッション

くるくる回って、こんにちは

準備 小さめのクッション

0歳児がクッションに座り、5歳児は「くるくる…」と言いながら、クッションをゆっくり回します。一周して顔が合うと「こんにちは」とあいさつ。回す速度はゆっくりと、0歳児が転倒しないように気をつけましょう。

遊びのアドバイス

・あまり速く回すと、0歳児がクッションから落ちてしまったり目が回ったりしてしまいます。5歳児にはていねいにゆっくり回すよう伝えましょう。

発達Point!

顔が向き合う楽しさ

互いの顔をしっかり見ることで交流が深まります。

スキルアップ解説

交流は時間をかけて

人見知りをすることもありますが、「交流する」ことは大切なことです。保育者は「泣かれていやだ」と止めるのではなく、根気よく続けてあげてください。きっと仲よくなれるときがやってきますよ。

＜監修・編著者＞

片山 喜章（かたやま　よしのり）

神戸市における男性保育者（保父さん）の第1号
現在
社会福祉法人種の会 理事長

＜著者＞

徳畑 等（とくはた　ひとし）

社会福祉法人種の会 ななこども園（大阪）園長

藤本 裕美（ふじもと　ひろみ）

社会福祉法人種の会 なのは乳児園（兵庫）施設長

協力
株式会社ウエルネス　社会福祉法人種の会 はっと保育園

STAFF
本文イラスト：オビカカズミ・常永美弥・町田里美・みやれいこ
本文レイアウト：株式会社桜風舎・株式会社どりむ社
編集：株式会社どりむ社
企画編集：濱田時子・安藤憲志
校正：堀田浩之

※本書は、月刊『保育とカリキュラム』2009年4月号～2010年3月号までの連載「遊びっくり箱」をベースに編集し、単行本化したものです。

保カリBOOKS⑥

0～5歳児の
ちょこっとあそび じっくりあそび196

2010年4月　初版発行
2017年7月　15版発行

監修・編著者　片山喜章
著　　　　者　徳畑　等・藤本裕美
発　行　人　岡本　功
発　行　所　ひかりのくに株式会社
〒543-0001　大阪市天王寺区上本町3-2-14　郵便振替00920-2-118855　TEL06-6768-1155
〒175-0082　東京都板橋区高島平6-1-1　郵便振替00150-0-30666　TEL03-3979-3112
ホームページアドレス　http://www.hikarinokuni.co.jp

印刷所　大日本印刷株式会社

Printed in Japan
ISBN978-4-564-60719-6
C3037
NDC376　176P　26×21cm